牛顿传

皮波人物国际名人研究中心　编著

国文出版社
·北京·

图书在版编目（CIP）数据

牛顿传 / 皮波人物国际名人研究中心编著. -- 北京：国文出版社，2025. -- ISBN 978-7-5125-1851-3

Ⅰ. K835.616.11

中国国家版本馆CIP数据核字第20243M8001号

牛顿传

编　　著	皮波人物国际名人研究中心
责任编辑	张　茜
统筹监制	杨　智
责任校对	周　琼
出版发行	国文出版社
经　　销	国文润华文化传媒（北京）有限责任公司
印　　刷	文畅阁印刷有限公司
开　　本	880毫米×1230毫米　　32开
	6印张　　　　　　　　100千字
版　　次	2025年3月第1版
	2025年3月第1次印刷
书　　号	ISBN 978-7-5125-1851-3
定　　价	59.80元

国文出版社
北京市朝阳区东土城路乙9号　　邮编：100013
总编室：（010）64270995　　传真：（010）64270995
销售热线：（010）64271187
传　真：（010）64271187-800
E-mail：icpc@95777.sina.net

牛顿（1643—1727年），英国物理学家、数学家、天文学家。剑桥大学毕业，后任该校教授。英国皇家学会会员、会长。经典力学基础的"牛顿运动定律"的建立者，以及"万有引力定律"的发现者。由于他建立了经典力学的基本体系，人们常把经典力学称为"牛顿力学"。

在光学领域，他致力于色的现象、光的本性的研究。1666年用三棱镜分析日光，发现白光是由不同颜色（即不同波长）的光构成的，制作了"牛顿色盘"，成为光谱分析的基础。1675年观察到"牛顿环"。关于光的本性，主张光的微粒说。1704年出版《光学》一书。

在热学领域，确定"冷却定律"。

在天文学领域，1671年创制反射望远镜，初步考察了行星运动规律，解释了潮汐现象，预言地球非正球体，并由此说明岁差现象等。

在数学领域，提出"流数法"，和莱布尼茨并称为"微积分"的创始人，并建立了"二项式定理"。

晚年致力于编写以神学为题材的著作。

目 录

第一章 孤独的童年生活
得救的婴儿 …………………………… 003
继承父亲的名字 ……………………… 008
没有母亲的孩子 ……………………… 013
勤劳的小木匠 ………………………… 019
到私塾上学 …………………………… 026
会跑的四轮车 ………………………… 033
精确的日晷仪 ………………………… 040

第二章 创造力非凡的少年
到格兰瑟姆中学读书 ………………… 051
精巧的小水车 ………………………… 057
牛顿的改变 …………………………… 060
风车转起来了 ………………………… 064
制作水漏时钟 ………………………… 068

酷爱读书的农夫 …………… 074
重返学校 ………………… 086

第三章 美妙的大学时光

进入剑桥大学 …………… 095
遇恩师开眼界 …………… 103
爱钻研的剑桥新生 ………… 125
三棱镜实验 ……………… 133
苹果砸出万有引力定律 …… 138
发明反射式望远镜 ………… 143

第四章 伟大的科学巨人

接替巴罗教授 …………… 151
皇家学会成员 …………… 153
微积分的优先权 ………… 157
向牛顿先生请教 ………… 162
《原理》问世 …………… 167
两年的精神狂乱期 ………… 175
科学家的晚年经历 ………… 179

第一章
孤独的童年生活

得救的婴儿

1642年12月25日（儒略历，即公历1643年1月4日）这天，不足月的男婴艾萨克·牛顿在英国林肯郡的伍尔索普村出生了。

山丘上的那座白石小屋就是牛顿的家。牛顿出生的这天恰好是圣诞节，天气特别寒冷，厚重的雾弥漫着整个山丘，外面漆黑一片。窗上映出透着暖意的橙色火光，还有不停闪动在上面的人影。天微微亮起来了，在公鸡的声声啼叫中，夜色逐渐远去。雾在不知不觉间变成了一层薄纱笼罩着大地。

白石小屋的门被打开了，走出两个戴着黑面纱的女人，一个瘦瘦高高，一个矮矮胖胖。瘦女人是个有着鹰钩鼻子、驼着背的年老妇人，她叫卡罗莱，看上去就像个会使魔法的巫婆。胖女人叫珍，她面带微笑，看起来十分和蔼可亲。被冻得有些发抖的卡罗莱向珍走近一步，大声地埋怨道："珍，你真是多嘴！给那个

 牛顿传

牛顿出生的房子,位于英国林肯郡伍尔索普村

不足三斤的早产儿吃什么药,也许药还没买回来,他已经变冷了。"好心的珍温和地笑着摇了摇头,她可不这么认为。

那个时候的英国还没有专门接生孩子的医院,都是由产婆来接生。她们俩就是特地被请来接生的产婆。本来卡罗莱并不愿意去,因为今天是圣诞节,她早就打算到女儿家去看看外孙们。但是珍担心自己不能顺利地接生这个不足月的孩子,就把卡罗莱一同叫了来。小牛顿生下来的时候只剩下微弱的一口气,眼看着这个可怜的婴儿快活不了了,善良的珍就自愿请求跑到威沙姆河对面的药店去买药。

卡罗莱对在这么冷的天到河对面给一个将死的婴儿买药感到很不满,去的路上她叽里呱啦地抱怨个不停,双手还不断地挥舞着,就像具骷髅在跳舞。

1642年,英国发生了内乱。林肯郡一带本是议会派的地盘,但当地的地主多为王党派,两派正进行着斗争。作为地主的牛顿家是王党派,但卡罗莱的儿子却参加了议会军,而且正在作战。因此她非常厌恶地主,这也是她极不愿去买药的重要原因。

 牛顿传

善良的珍一边快速地赶路,一边劝道:"孩子既然已经生下来了,当然希望他能够平安无事地长大,不是吗,卡罗莱?何况那孩子的父亲已被召往天国,他生前从没有亏待过别人。爱丽莎家的羊跑进他家的玉米地里,糟蹋了一大片,竟没有挨罚,可见他是个多么仁慈的人啊。"卡罗莱缩了缩双肩,无奈地看了珍一眼。

在白石小屋二楼的房间里,刚生下来的垂死的男婴和他的母亲汉娜躺在床上。一个手拿着尿布的女人在床边忙来忙去。这个女人名叫爱丽莎,是来帮忙的佃户邻居。

汉娜仰起充满担忧的脸庞,用不是很有力气的声音向忙个不停的爱丽莎道谢。爱丽莎坐下来担心地看着睡在母亲身旁哭声微弱的小男婴,不一会儿又抬起头向窗外望去。

其实爱丽莎知道,到药店的路又远又滑,天还这么冷,药是不会那么快就买回来的,她只是不知道还能做些什么。这时汉娜请求她帮这个奄奄一息的孩子向神明祈求保佑。爱丽莎同意了,于是她跪在床前,

开始小声祈祷。

大概是心善的珍感应到了她们焦急的心情,为了能更快地赶路,她便不再开口和卡罗莱说话,冰冷的田埂上,只听到急促的脚步声。等她们赶回来的时候,背上居然都出汗了。

这时在牛顿家中,初为人母的汉娜看着躺在身旁越来越衰弱的婴儿,急得快要昏厥了。所幸珍终于到了,小牛顿得救了。

继承父亲的名字

英国是信仰基督教的国家,信徒分成三派:信仰最古老的旧教天主教教徒、信奉加尔文主义的清教教徒、信仰因政治理由修正旧教而形成的英国国教教徒。

圣诞节后不久,汉娜的哥哥詹姆士·艾斯考夫来看望他们,詹姆士是一名牧师。詹姆士牧师已经听说牛顿小到可以放入一夸脱(夸脱是英国的容量单位,相当于1.14升)量器内,但是看到放在床上的小婴儿像刚孵出来的麻雀一样,脑袋大大的,身体却出奇的小,他仍不禁吃了一惊。

看着哥哥担忧的表情,汉娜告诉他,小牛顿现在看起来比刚生下来时已经好多了,顺利长大是没有问题的,她会好好抚养孩子的。

令汉娜难过的是,艾萨克已经看不到孩子了。艾萨克是汉娜的丈夫,也是伍尔索普一个不富有的小地主。他们新婚才半年,当年的十月,他因为感冒并发了流行性肺炎病逝了,年仅 37 岁。汉娜越想越觉得伤心,不禁伏在床上哭了起来。詹姆士牧师把手轻柔地放在她的肩膀上。

汉娜为了纪念自己的丈夫,请求哥哥把孩子的名字称为艾萨克。詹姆士牧师是柯斯特沃斯这一教区的牧师。英国国王把国土分为许多教区,各教区配有任命的牧师。孩子诞生后的洗礼、命名也是牧师的职责。

詹姆士牧师认为这是个好主意,而且在《圣经》的第一页就有艾萨克这个名字,艾萨克·牛顿叫起来也很响亮,最重要的是,汉娜非常喜欢。但是詹姆士牧师又担心小牛顿会变成他爸爸那样的怪人。汉娜却希望小牛顿能像爸爸一样英俊、勤劳、不摆架子、能够善待别人,所以才希望他和他爸爸叫一样的名字。

中世纪的欧洲各国,土地和农民是与庄园结合在一起的。庄园像是国家之中的小国,地主也就是庄主,支配着佃农。地主住豪华的房屋,有充足的物质条件;农民住的只是勉强能避风雨的简陋房子,过着牛马似

牛顿传

的生活。而且地主有审判权,对辖内的农民可随意处罚。这种不合理的制度已经存在了很久,但不会永远持续下去。牛顿出生后,虽说他是庄园的继承者,但实际上已和农民没什么两样,要自己牧羊、耕田。当然,这和牛顿家的庄园规模小也有关系。他家的庄园是一百多年前向一个贵族买下来的。

雨不知什么时候下起来了,这一段时间是冬天多雨的气候。汉娜默默地拿起一根根木柴,放在壁炉里面。詹姆士牧师知道,要把这个弱小的孩子养得健健壮壮,要花费好一番心思。他担心汉娜和一个吃奶的孩子怎么维持生活呢?

汉娜是个贤惠能干的女人。耕种、牧羊、剪羊毛,汉娜都能做。这些就足以维持他们的最低生活了。虽然有些物品要花钱去买,但所需金额并不大。如果佃租不够用,可将剩余的粮食拿到市集去卖,所以她对自己和小牛顿的生活一点都不担心,失去丈夫的不幸使她变得更加坚强了。詹姆士牧师看到汉娜这么自信和有决心,感到放心了,于是就告辞了。

汉娜在二楼望着窗外连绵不断的原野,威沙姆河

在闪闪发光;公路像一条白线,白线上移动的黑点是马车。广阔的原野上只有詹姆士牧师的身影,汉娜的视线一直凝望着他,直到他的身影隐入树林中。

"看看吧,多美的景色啊!"汉娜抱着还不能听懂话的孩子喃喃自语道。

"总有一天,能和你边说话边看风景。"汉娜把自己的脸颊贴在孩子皱皱的熟睡的小脸上。当汉娜再抬头望向窗外时,地平线不见了,白线也不见了,发着光的河流以及树林全是一片模糊。这是绵绵不断的雨在恶作剧,让一切都烟雾蒙蒙的。

"神啊!请保佑这个孩子能长大成人……"汉娜把孩子轻轻地放在床上,跪下来祈祷。"即使孩子能长大成人,如果身体虚弱,怎么办?如果脑筋不好,又怎么办?只要有他爸爸的一半好,我就别无奢求了。"汉娜不知不觉陷入沉思中。

因为孩子的出生,汉娜没有时间做别的事情,现在要做的工作堆积如山。但当前必须先做晚饭,然后烤面包,明天的食物已经不够了;奶油快没有了,需要做些乳酪,她还想给孩子织一件背心。汉娜倏地站了

起来,套上手织的粗糙外套,赶向牛棚,因为她忘记挤牛奶了。

苦恼、烦人的冬季要消逝远去了。丘陵全染上了翠绿,牛、羊、马闻到了新草的芳香,奔走在原野中。当云雀鸣叫着冲天而飞时,麦田又呈现一片金黄色。麦田收割完毕,就是家畜闲暇自在的时候。接着,候鸟从西伯利亚向南飞来,枯草呈茶色,便又到了令人愁思的冬季。

自然界为了不使人们厌倦,以这样的变化吸引人心,一年接着一年过去了。汉娜犹如蚂蚁或蜜蜂,忙碌不已。小婴儿艾萨克·牛顿一天天地成长起来。

没有母亲的孩子

温和五月的一个星期天下午,牛顿躺在庭院绒毡般的草地上吹麦笛。"嚓嚓!吧吧!"以为是悦耳的音色,却连着都是怪声。于是牛顿不吹了,一心研究起麦笛来。忽然听到有人叫他,牛顿抬头看了看叫他的女人,原来是从教堂回来,仍穿着唯一一件外出服的爱丽莎。

牛顿面无表情地说:"哦,隔壁的阿姨啊。"

"你妈妈在不在?"爱丽莎问道。

"在啊,不过有客人。不行,不行。"牛顿已经四岁了,这样简单的对话他说得挺清楚。

爱丽莎边请小牛顿告诉汉娜自己一会儿要来拜访,边往家里走去。牛顿答应后又开始研究起麦笛来。

没过多久,母亲汉娜和她的牧师哥哥出现在门口。小牛顿看向他们,他发现母亲面露难色。牧师转动着自己的硬帽子,又谈了一阵子话。牧师舅舅离开

后,小牛顿跑到母亲身边问她是不是发生了什么事情,凭着儿童的直觉,他感到亲爱的母亲很不对劲。

汉娜紧抱住儿子,她的情绪已经影响到了牛顿,牛顿疑惑地看着母亲的脸不停地询问。汉娜告诉他,不管是谁,只要长大了都会有些烦恼的。天真的小牛顿还不能明白母亲这句话的含义,更不会知道不久以后他就要失去母亲了。

看到牧师已经回去,爱丽莎走了过来。汉娜让牛顿自己到一边去玩,于是牛顿走回庭院里,收集石头和石片,开始造房子。

两人一进房子里,爱丽莎便掩着脸哭泣起来,她不断地向汉娜道着歉。汉娜不知道发生了什么事让爱丽莎这么自责。原来,爱丽莎没有经过汉娜的同意,擅自把她失去丈夫的事告诉了自己的堂哥,爱丽莎担心堂哥会做出什么事来。汉娜告诉爱丽莎刚才詹姆士牧师也和她谈了要不要再婚的事情。看到汉娜微笑着说出这些话而且并没有责备她的意思,爱丽莎松了口气。

使汉娜为难的正是再婚的事情,她向哥哥表示了想和小牛顿一起生活,但是也没有完全拒绝再婚的意思,她现在还没有想好要怎么办。詹姆士牧师劝说汉娜再婚,也是因为小牛顿反应迟钝、做事情拖拖拉拉,大家都觉得他是个低能儿,他担心汉娜一个人无法承担两个人的生活。现在爱丽莎也这么劝她,汉娜更加不知如何选择了。

爱丽莎的堂哥沃西邦听闻汉娜的事后,就想把汉娜介绍给邻近教区的史密斯牧师做妻子。史密斯牧师对沃西邦的意图感到特别生气,因为他已经受够了过世妻子的困扰,不想再重温噩梦了。沃西邦感到很为难,但如果就这样告退,又觉得未免有虚此行,他便再一次向史密斯牧师说明,他介绍的绝对是能使牧师满意的好妇人。

史密斯牧师本来全无再婚的意思,但听到沃西邦一再地夸赞那个妇人,确实有些心动了。

"可是,关于那位妇人的事情,我还没听到你说什么啊,是怎么样的人呢?"史密斯牧师摇着摇椅,满面笑容地询问道。

"柯斯特沃斯教区的伍尔索普村一座庄园的夫

牛顿传

人,年约35岁……"沃西邦精神一振地高声回答。

"那你就帮我跑一趟吧,我给你今天的工钱。跑一趟就得花一天呢。"史密斯牧师是个口袋很紧的人,但也不会让人白白干活。沃西邦接受了七个铜板,小心谨慎地放到口袋里面,然后吹着口哨,往伍尔索普的山丘走去。

沃西邦和爱丽莎找到了在麦田里工作的汉娜。汉娜听到这件事,非常惊讶。她没想到这么快就有人来提婚事了,对于再婚这件事情她没有自信,她认为将来的事情只有神才知道。汉娜想了想,决定还是先和哥哥商量一下,听听他的意见。

听到回话的沃西邦知道事情有机会了!他和爱丽莎交换了一下眼神,兴高采烈地到史密斯牧师那儿去汇报情况了。史密斯牧师这次准备了红茶,在会客室接待了沃西邦,很认真地听了沃西邦的回话。史密斯牧师又要求沃西邦明天去柯斯特沃斯的牧师公馆一趟,询问一下詹姆士牧师的意见。史密斯牧师接着拿出七个铜板准备给沃西邦。但沃西邦这次没有接,他战战兢兢地告诉史密斯牧师,汉娜还有个孩子。史

密斯牧师从来没想过孩子的事情,他也坚决不能接受孩子同母亲一起过来。

第二天,沃西邦到威沙姆河桥边拜访詹姆士牧师。詹姆士牧师要比史密斯牧师年轻得多,为人精明,这使跑腿的沃西邦感到很紧张。詹姆士牧师首先就向沃西邦提出了怎么安置孩子的问题,当他听说对方并不愿意接受孩子的时候,陷入了沉思。聪明的詹姆士牧师很快又询问了史密斯牧师的财产问题,他知道史密斯牧师是个大地主,于是提出了一个要求,如果史密斯牧师想同汉娜结婚,就要留下一部分土地给可怜的牛顿过生活。

沃西邦这下子又头大了。史密斯牧师相当吝啬,真难想象他会割让土地。但是史密斯牧师和汉娜见面之后,事情就进行得很顺利。史密斯牧师说,为了牛顿,他愿意割让每年可以收入五十镑的土地,这个金额是租佃收入,牛顿可以靠它生活得很富足。牛顿家的庄园每年收入三十镑,再加上这五十镑的收入,牛顿就可以过得很舒服了。安排好一切,汉娜就要再婚了。

牛顿传

　　一天,汉娜握着小牛顿的手,告诉他自己很快就要离开这儿了,他将和外婆一起在白石小屋里生活。小牛顿皱着脸哭了起来,他哀求母亲带着他一块儿去。汉娜的心都要碎了,但她一点办法都没有,看到牛顿悲伤的表情,汉娜的决心有如暴风雨中的船摇摆不定了。对于史密斯牧师所说的不要带孩子来的话,她又恨又悲,日夜哭泣,最后还是离开了。她答应小牛顿会经常回来看他的。

　　从这时候起,牛顿与母亲分开了,与外婆两人过着寂寞的生活。

勤劳的小木匠

老人和幼儿的生活花费不多,仅靠佃租就足以维持。但牛顿的外婆仍然忙着饲养鸡、牛、马、羊等禽畜,还亲自下田耕作。沉默寡言的小牛顿常常大步跑着,紧跟在外婆后面。

多半的时间,小牛顿很寂寞,一个人玩,一个人思考,一点儿也不像这个年龄的孩子。

小牛顿不大爱理人,也很少见到他的笑脸,只有去市集买东西的日子例外。那天,他总是在屋顶阁楼上往窗外望,一看到马车经过就高兴地拍手。马车上放着青、黄、红等鲜艳色彩的物品。早上,马车经过窗口以后,慢慢地由近及远,从豆粒大变为蚂蚁大;黄昏,牛顿看到由蚂蚁大变成豆粒大的马车接近了,就跑下来去迎接受托买东西的爱丽莎阿姨,从爱丽莎手上接过所购物品。

有一次市集,外婆托爱丽莎买的是大批葡萄和

牛顿传

铁锤,爱丽莎的丈夫和另一个青年将物品卸下来,放在仓库前面。将葡萄一笼一笼卸下来的声响很有节拍,小牛顿跟在后面开心地叫喊着。爱丽莎拿出了放在车厢最后面的铁锤,牛顿伸手接下,好奇地仔细察看着。

爱丽莎将准备送给牛顿的礼物握在手里,把握成拳头的手伸到牛顿眼前。然后,她一下子张开了手掌,上面放着三个粗大的铁钉。那是黝黑粗糙,尖得像刺一样的钉子。当时的钉子,都是用锤子打造的,方角柱形,不像现在的又白又亮,但是价格也不便宜。

牛顿高兴地跳了起来,把正满足地看着一大堆葡萄的外婆吓了一跳。外婆在仓库中准备了木桶和小笼子。她把小笼子拿出来,从卸下来的大笼子里把葡萄一把一把地拿出来小心地放在小笼子里,然后搬到木桶旁边,把一粒粒青玉宝石似的葡萄飞快地摘下丢到木桶里面。"今年可以酿造满满一桶的葡萄酒,送给汉娜和詹姆士了。"她想。

"外婆,我要在这里钉上一个。"牛顿站在仓库门口的门柱边,小手握着铁锤,举得高高的,要钉下去。

"不能在柱子上钉钉子。"工作中的外婆把头转向门口,用力挥手阻止。

"那钉在什么地方好?"牛顿焦急地问。可以看得出他急切地想赶快试用一下新工具。

"嗯,什么地方好呢?对了,有个好主意,艾萨克。"外婆放下手上的葡萄,在放着许多杂物的仓库角落里,拿了一块厚木板出来,原来是破桶的碎片。"钉在这上面看看,如果柱子上有钉子的话,会钩住人,很危险。在这个木板上,钉上多少个也没关系。"

牛顿用他的铁锤开始钉钉子了。

"外婆,总是没法直直地钉进去。"

"钉子没法直直地钉进去不要紧,如果手把不稳,打到手指头就糟了。"外婆提心吊胆地说。

"艾萨克,你看,这样子……"聪明的外婆想出来一个好办法。她捡起旁边的旧绳子,把一端穿过铁钉,用绳子控制铁钉的方向,这样就可以随心所欲地对准或要横要竖了。牛顿看着外婆的动作,很佩服地松了口气。

"是这样做吧!"牛顿手握绳子,使钉子在板子中

牛顿传

央直立,用锤子敲打起来。

"钉好了,外婆。"虽然稍稍有些倾斜,但钉子在板上立得挺挺的,牛顿高兴极了。剩下的两个钉子,也用同样的办法钉好了。

"外婆,给我钉子。"牛顿想要更多的钉子。不忘随时施教的外婆开始想办法劝阻他。

"这块木板准备做什么用?"外婆问。牛顿答不上来。有钉子的木板看起来好像没什么用处。

"外婆,下次去买切木板的工具好不好?"牛顿希望做更有用的事情了。

本来想去看看烤面包炉火候的外婆被牛顿认真索取工具的态度感动了。

"呀,好啊。不过要等下一次赶集。"牛顿听后高兴地拍着手。

"木头要怎样切开呢?"没有父亲的牛顿还不认识锯子。外婆马上从木桶后边找出了已经生锈的锯子给他看。

"艾萨克,你想用锯子做什么?"勤劳的外婆在厨房的烤面包炉前问牛顿。

小牛顿坐在自己的椅子上,摆动着够不到地板的双脚说:"我想切短这把椅子的腿。"牛顿说出的话让外婆感到很意外。

"当心摔下来啊。"

牛顿故意扭扭腰,装着要摔下来的样子。不稳固的椅子摇摇晃晃。

"艾萨克,危险啊!不要这样子。"外婆担心得冒出了冷汗。她想了一阵后,说:"艾萨克,后天到教堂做完礼拜之后,拜托詹姆士舅舅吧。"

"拜托什么?"

"请他锯短椅腿不就好了吗?"

"不,我要自己锯。"牛顿想自己动手。

"那么,请舅舅来教你怎么锯好不好?"

"锯子呢?"外婆又问道。

"叫舅舅带来,我很想借他的锯子来用。"牛顿想得很周到,一点遗漏也没有。

"你就向舅舅借吧,这样就不必买了。"

"不,只借用到去市集的那一天。外婆,有没有削木板的工具呢?"听到这些问话,外婆高兴不已。

牛顿传

"当然有,没有的话怎么能做平面的桌子呢?"

"……外婆,我想要那种工具。"

"顺便在下一次去市集的时候,和锯子一起买吧。"

"太好了!"外婆从没见过牛顿这样高兴。她一向担心牛顿的头脑不及别人的想法经过这些事后改变了。

早晨,两人在秋天的阳光下,从山丘上往威沙姆的山谷走下去。由于不久前下了一场雨,水位上升的威沙姆河水流湍急,急流撞击在岩石上,激起了飞沫和旋涡。牛顿在桥上看得出神,站着不肯走。

"艾萨克,马车来了。"外婆抓着牛顿的手,把他拉过来。

牛顿全神贯注地看着河流,他并不是在观看游过的鱼儿,也不是在倾听流水声,而是在注视水的流动,感受水的力量。

"呆呆的,在想什么?"外婆没有觉察出牛顿正在沉思有关自然现象的事情,于是用力拉了拉牛顿的手。

第一章 | 孤独的童年生活

横过两人所走的乡间小路,有一条宽广的哈门公路。

外婆把手向左边指着,在不远的树林处,由四匹马驾驶的驿马车飞奔过来。驾驶座上和车内的人都向他们挥手。牛顿呆呆地张着嘴,一直目送着飞扬而去的驿马车。当马车消失在远方时,牛顿自言自语道:"好像很舒服。有一天我也会坐上的,但是,坐马车也可能会遇到可怕的事情。骑马的强盗经常出现,行李也好,钱也好,都会搜得一干二净,到了驿站,又有乞丐缠着讨钱……不过,我没有钱,所以不必担心。"牛顿从没有遭遇过恐怖的事情,所以他一点儿也不在乎。

"那辆马车要到哪里去?"他问外婆。

"向南去的,一定是去剑桥,再转车就可以去伦敦了。"外婆向他解释道。其实,对小牛顿来说,剑桥、伦敦都一样,他都不知道那是什么地方。

舅舅詹姆士正在牧师公馆内看书。对牛顿的要求,他愉快地答应了。因此,牛顿也学会了锯子的用法。从此以后,牛顿就把自己关在房间内,从早到晚做一些木工活,俨然成了一个小木匠。

 牛顿传

到私塾上学

"你在做什么呀?"有一天,外婆走进牛顿的房间。在一大堆孩子气的、歪歪斜斜的工具箱、书架、玩具箱等制品当中,牛顿正用尺子在木板上量着,他面露难色,这种情况令外婆很担心。

当时英国的社会,大部分人的衣食都是靠自家生产的,这种生活并不需要读书写字,算术只要会加减法就足够应付,所以通常都没有人想到学校念书。

如果有人想念书,多半是为了做牧师、神父或者是看药书配药的药剂师等。如果担任神职的话,不必劳动也能生活,可以专心念书。

贵族则不一定要做牧师或神父,愿意的话随时都可以读书。牛顿的孩提时代,英国有中学,也有大学。进入中学的,主要的是贵族或是想出任神职的人。牛顿具有庄园庄主的身份,所以可以去念中学。

当时的英国,有类似于现在的私立小学的私塾,

因为不像学校那么大,教职员多半是主办人的眷属,教学科目也只有读、写、算三科而已。

庄主、牧师或药剂师的儿子,通常都要念私塾。牛顿六岁的时候,舅舅詹姆士牧师和外婆便把他送到两家私塾去念书。他每隔一天轮流到史其灵顿和史托克两所私塾上学。

入学的事定下来后,外婆托爱丽莎在市集买了块薄质黑布料准备给牛顿做衣服。

"如果是我的话,绝不可能织成这样又薄又挺的布料。"布料拿到手,外婆边称赞边放在小牛顿的肩膀上比着。

"穿上这件衣服,牛顿就是学生了,衣服要稍微做得大一些。"

"学校是做什么的地方呀?"这个问题牛顿反复问过外婆许多次。伍尔索普庄园从来没有小孩子去上学,所以,牛顿搞不清学校是做什么的。

"教一些有用的事情。"

"有用,对什么有用?"

"对你长大以后有用的事情,都会一个一个

教的。"

"那么,我也会学做水车或造桥吗?"牛顿想在长大后,制作各种各样的东西。如果是教这些,他就能认识到学校的意义。可是聪明的外婆却很难回答他这个问题。

"会教读书和写字。"

"外婆并不读书、写字啊。"

外婆哑口无言。

牛顿的家里一本可以读的书都没有。牛顿从没见过外婆或母亲读书。当时的女人,识字的几乎没有,不识字的外婆,当然不会写字。难怪牛顿不了解学习读书、写字的意义。

"我不去学校了。"这是牛顿近来经常重复的一句话。

"不去的话,不能成为伟大的人啊。"

"变成伟大的人,能做什么事情?"

"可以像詹姆士舅舅一样成为一个好牧师。"

"我不要做牧师,做木匠比较好。"

疼爱牛顿的外婆不知说什么好,坐在摇椅上把头低了下去。

"外婆,怎么了?"牛顿把手放在外婆的肩膀上,他感到外婆的身体在颤抖,也听到了低低的啜泣声。

"好,我要去学校。"

外婆听到牛顿的回答后拭着眼泪抬起了头。

"艾萨克是个坚定诚实的孩子,哪里是脑筋不好?汉娜和詹姆士一定都会高兴的。"外婆暗自想着,心情也好起来了。

牛顿睡着以后,勤劳的外婆坐在椅子上,开始缝制小牛顿的长袍。她特地点了三支蜡烛,小声哼着催眠曲,回想起昔日送长子詹姆士到私塾念书的情景,一会儿蹙眉,一会儿微笑。

入学那天,牛顿穿上了长及脚跟的黑袍。外婆边哄劝着边拉着哭丧着脸、无精打采的牛顿向学校走去。史其灵顿私塾的老师是位年轻的男子,史托克私塾的老师是史托克家的夫人,他们都拿着短教鞭,目光严厉。

在史其灵顿私塾里,男老师挥着教鞭,正在教一加一等于二。牛顿并不讨厌学习算术。

 牛顿传

"艾萨克·牛顿,一加二是多少?说说看。"被老师以诘问的口气一问,牛顿慌张了起来。他脸颊发热,脑袋一片空白,平常知道的事情,一下子变成了难题。

"是二。"牛顿颤抖着小声回答。

只听到老师的桌子"啪"一声响,牛顿心想:"糟了!"

"呀,是三。"另一个回答反射般冲口而出。

"艾萨克·牛顿,究竟是二还是三?"

全身血液顿时冲上脑袋,牛顿只觉得耳朵嗡嗡作响,张口结舌不知道该怎么回答了。

"艾萨克·牛顿,转向那边。"慌张的牛顿被老师推着肩膀离开座位。然后,"咻"的一声,屁股被鞭子打了一下。其实并不痛,但牛顿却抽抽搭搭地哭了起来。

"那么爱哭,这怎么行?"老师大声呵斥道。

"真爱哭!"在其他学生的小声交谈中,牛顿想回自己的座位。

"艾萨克·牛顿,站在那边!"牛顿被罚在门口旁边站着,他红着脸低下头,心里恨起学校来。

在史托克私塾被教写字的时候,牛顿觉得更难了。要把嘴里说的话写下来,可真令人害怕。而且字有大写和小写,也是件怪事。讲的时候没什么不同,可是写文句的时候,偏偏第一个字母必须大写。

"莫名其妙!"牛顿对写字实在头痛极了。这还可以忍耐,可是下课前发生的事情,倒真刺激了他。

"班杰明,到这里来!"被叫到的孩子一副弱不禁风的样子。中年的女老师已举起了教鞭。想必是那个孩子做错了什么事。牛顿想起史其灵顿私塾的事情,向那个孩子投以同情的目光。

"今天是你六岁生日,没错吧?"

"是的。"那个孩子的声音微弱得像蚊子叫。

"那么,要举行六岁的祝贺仪式,趴在地上吧。"穿着黑袍的班杰明手撑着地板,屁股向上抬起。女老师高举教鞭,"咻"的一声,在空中挥动起来。

"一、二、三、四、五、六。"教鞭尖锐地响了六次,擦过屁股。

"好了,站起来。"

那孩子青白的脸有了一抹红光,好像是感到满足

牛顿传

似的。牛顿一直屏住气息,这时才大口呼出来一口气。

回家后牛顿对外婆说:"学校是个奇怪的地方。"

从小就比较孤僻的牛顿,胆子很小而且常常坐在座位上木然不动。他很少因为顽皮而吃上鞭子,但上课时总是心不在焉,像是在做白日梦。同学们都认为他是个呆子。

牛顿从不和人交朋友,一放学就回家,专注于自己喜爱的手工制作,因此就显得十分离群。当然,牛顿并不在意同学们在他背后说了什么。外表不出众,性格不开朗,成绩也平常,这样的牛顿在老师的眼中没有什么特别之处。

牛顿从来不理会老师和同学们对自己的看法,每天去上学都是被慈爱的外婆从家里推出来的。但一回到家里,他的精神就来了。他总是不声不响地跑进自己的房间,一拿起锯子或锤子,就显得生机勃勃。他静静地思索着怎样改善制作出的物品和解决制作中产生的问题。起初做些箱子、架子就感到满足了,不久,他对制作这类东西便感到厌倦了。

会跑的四轮车

牛顿常从山丘上下来,眺望河流。河水冲击在岩石上激起的泡沫卷起旋涡,分成两道流动的水流。这种自然界现象总是使他心里很激动。

"对了,来做会动的东西。"牛顿比别的孩子更容易被会动的物体吸引,不过,对于流动的水,他却不知道该怎样处理。

"做什么好呢?"牛顿蜷坐在威沙姆河岸边思索着,他的脑海里闪现出曾经见过的那种非常威风的由四匹马驾驶的马车。

"马车倒是很好。"他自言自语着。对一个小孩子来说,怎么才能做成马车呢?牛顿决定制作四轮车来代替马车。牛顿和别的孩子不一样的是他一个朋友也没有,不管他想做什么,都只能靠自己的力量。成功了,自己满足;失败了,自己失望。

要做四轮车,得准备很多材料。木板、支柱、铁钉、

 牛顿传

螺旋夹等必需品要准备齐全。牛顿把每星期天得到的零用钱全部积攒起来,一点一点地购买材料。不管怎样,要做一辆可以乘坐的车子都是一项大工程。于是牛顿把工作场所从自己的房间搬到仓库,他也不管学校的课业,一回到家,马上就钻进仓库。

"牛顿,你好像是为了四轮车而生活嘛。"不管外婆说什么,牛顿都只是微笑着点头。这次可能是因为要做会动的东西,牛顿工作的热情比以前高多了。看到仓库深夜仍亮着光,外婆很担心。她走到仓库门口,先在门外看了一会儿,然后故意咳嗽几声,打开门说:"哎呀,还在做吗?早点休息吧,否则对身体不好啊。"

"好的。"为了使外婆放心,牛顿很干脆地答应了。外婆也就不再多说什么,边走边回头,轻轻地回到房间里去了。

四轮车的制作,最难的部分是车轮。把几块厚木板锯成圆弧状,然后合并成圆板,这就是车轮。然后在两个车轮中心安上车轴,在前、后两个车轴的上方放上车架,车架四面围以木板,四轮车就完成了。最后再安装简单的用于刹车的东西。在做好的四轮车上

第一章 孤独的童年生活

放上一大堆马铃薯，车从田间坡路快速地滑下去的时候，外婆高兴得拍起手来。可是这位小木匠好像有什么地方不合心意似的，眉头一皱。

"车轴不对劲！"牛顿从坡下把四轮车推回来，检查车轴状况。因为车轴和车轮的相接处不是很紧凑，车子总是左右摇动。

细心地修理后，牛顿坐着四轮车从山丘上滑下来，车子向前奔驰，金黄色的麦穗被远远地甩在身后。速度越来越快，车子也摇晃得越来越厉害，牛顿有点害怕，正想去拉刹车，突然眼前出现了两个骑兵。穿着铁甲的两个青年男子骑在马上，手持长枪，好像正等四轮车似的盯住这边。牛顿不知道将会发生什么事，他决定不拉刹车了，直接从他们身边冲过去。

"等一下！"两个骑兵边瞪着牛顿边喊道，车子还在飞快地行驶着，被那声喊叫吓得发抖的牛顿不禁用力拉住刹车。本来就摇摇晃晃的四轮车承受不住这么大的外力，"砰"的一声，车翻倒了，摔得四分五裂。牛顿从破碎的车下爬出来，两个骑兵也骑马过来了。

"摔得怎么样？"

牛顿传

"啊,没怎么样。"牛顿惊魂未定的脸孔朝向地面,回答的声音像蚊子叫,两个膝盖一直在发抖。

"你是这个庄园的孩子吧。"

"是的。"

"庄主在不在?"

"庄主?"

"就是你的父亲。"

"我的父亲不在。"

"到哪里去了?"一个骑兵大声地怒吼道。牛顿被吓得差点倒在地上。

"已经死了。"

"什么时候死的?"

"在我生下来之前。"

"你后来的父亲在吗?"

"没有。"

"不会只有你一个人吧,住在庄园里的还有谁?"

"只有外婆和我。"

问了这些话之后,两个骑兵互相看了一下,说了一声"好了,走吧",便策马奔向河那边去了。牛顿放下了心,也不管路旁的四轮车残骸,拖着被砸伤的腿,一瘸一拐地往家走去。

"怎么啦,艾萨克?"喂马的外婆看到他后一脸惊讶。

"哎呀,怎么搞的? 全身都是土,这个膝盖……"外婆蹲在小牛顿面前,指着牛顿受伤的膝盖说:"呀,都是血。"被外婆一说才感觉到疼痛的牛顿禁不住哭了起来。

"到底发生了什么事? 艾萨克。"外婆边察看伤口边询问。

"被骑兵捉到了。"牛顿一边说着一边往山丘下偷望着。

"哦,在什么地方?"

"到河边的途中。"

"他们说了什么?"

"他们问庄主在不在。"

"嗯,接着呢?"这时外婆感到不安了,频频望着门外。

"那,你怎么说?"

牛顿传

"我说已经死了。"

"那然后呢?"

"他们就骑马走了。"

"他们为什么要问我父亲呢?"牛顿天真地问道。

"因为你父亲是王党派的。"

"王党派是什么?"

"查理一世陛下那派的人。"

"嗯。"牛顿并不明白也不感兴趣。

"外婆,替我绑上绷带。"

"好,好。"外婆这才想起来,急忙拿来消毒用的白兰地和干净的布条。

"好痛啊!"牛顿叫得很大声。看得出来牛顿没有什么胆量,也很怕疼。

"是不是铁甲骑兵?"

"嗯。"牛顿的声音还在颤抖。

"没有错,一定是克伦威尔的铁骑兵。"

从牛顿诞生的那一年开始,清教徒革命的风暴遍及全国。所以身为王党派的牛顿家自然会受到注意。

从窗口窥视,确定没有骑马的士兵之后,牛顿和

外婆一起出来,好像小偷似的察看着周围,然后下山去取四轮车的残件。

"外婆,战争很讨厌吧?"

"是的,战争最讨厌了。"

"我也讨厌打架。"牛顿担心再遇见铁骑兵,不敢再往外乱跑。威沙姆河的流水已不像以前那样吸引他了。

牛顿从来没有被人大声呵斥过,也从没有过恐怖的经历。自从被穿着黑亮亮铁甲的骑兵盘问过后,他第一次从内心深处感受到了恐惧。从那以后,牛顿常常在噩梦中呻吟。

伍尔索普的宁静在清教徒革命最高潮的时期也没受到太大的影响。查理一世被杀,革命结束。奥利弗·克伦威尔取得政权以后,国家渐渐安定下来。

 牛顿传

精确的日晷仪

从学校回来后,牛顿就坐在窗边眺望着外边的景色,然后拿起笔来画画,这成了他新的爱好。当给画上色的时候,牛顿注意到了各种类似颜色之间的微小差异。

"小画家"画了庭院里的苹果树,又画了自己居住的这座白石小屋。盘绕在墙上的葛藤夏绿秋红,颜色变化多端,吸引了牛顿的注意。

可能是牛顿在画苹果树的时候,不经意间注意到了影子的移动与时间的变化似乎存在着某种关系,他感到很有趣,就开始研究起这种变化来。牛顿把一根直直的树枝竖立在北风吹不到的向阳地面,然后一个钟头、两个钟头地趴在那儿观察树枝影子在不同时间里的变化。

"艾萨克,吃饭了。"外婆从窗口叫他的时候,牛顿说:"比昨天早得多了。"

"不会吧。"外婆不相信他说的话。

"我知道得很清楚,早三十分钟。"

"你怎么知道的?"

"昨天在这里,今天是在这里啊。"他指着地面上的树枝阴影说道。

"嗯,有这么一回事吗?"外婆对牛顿的观察能力很惊讶。

牛顿在学校里常常被同学们说成是"呆子"。唯有史托克私塾的史托克夫人从不这么认为,她觉得牛顿是一个不平凡的孩子。

"牛顿,你平时在家里玩什么?"史托克夫人时常这样问。牛顿通常不说话,只是腼腆地笑笑。史托克夫人注视着牛顿害羞的脸,根据他的表情判断他是否有满意的收获。

入冬以后,晴朗的日子很少。即使碰到好天气,也常常刮着寒风,像是要阻止牛顿做实验似的。牛顿虽然是个胆子不大的孩子,但为了自己喜爱的事情,却变得很勇敢。他在长袍外套上有帽子的披风,一整天都在外面观察着白色墙壁上冬季日影的移动变化,甚

牛顿传

至忘记了寒冷。之后,牛顿又在墙壁上画了刻度以便更细致地观察。

圣诞节又到了,牛顿迎来了他第九次的生日。

好久没有见面的母亲也由丈夫史密斯牧师陪着,一道来过节。眼前摆着丰盛的圣诞晚餐,牛顿很安静地坐在那儿,没有表现出高兴的样子。

"是不是生病了?"汉娜问道。

"平常就是这个样子,在想事情呢。"外婆代他回答道。

原来牛顿心里想着一件对他来说比圣诞节和生日更为重要的事情。牛顿家的庭院里有好几块大石头,其中有一块大而平的石头。只要天气好,牛顿就拿着凿子和铁锤在这块石头上"吭吭吭吭"地雕凿起来,这个初学的石匠工作进行得很慢。在冬天的庭院里工作非常艰苦,拿锤子的手会因为冻得僵僵的而发生意外。工作时常中断,但牛顿决不放弃。

"做的是什么?我一点儿都看不出来。"外婆常常问他。

"你很快就知道了,外婆。"牛顿头也不转地回答。

第一章 孤独的童年生活

"会做成什么东西？不是和昨天一样吗？"

"再想想看嘛。"

"好像是锅盖。不对，咦，好像是数字。到底是什么呢？"外婆把头歪来歪去怎么也想不通。牛顿雕凿的石头是一块石灰岩。正面接收到日光的时候，白色石面会强烈反射，刺痛眼睛。牛顿的眼睛经常因被光照或灰粉飞入而刺痛。握着锤子的手已经生茧了。可是牛顿很有毅力，从没有产生过放弃的念头。

有一天，牛顿很兴奋地大声叫道："外婆！请来帮帮忙。"他拿了两根木棒到石头旁边，对外婆说："要靠墙竖立起来。"原来他是要把凿好的大石头放到房子南面的墙壁旁。

第二天清早，刚升起的太阳投射在刻有数字的石面上。原来这就是牛顿精心制作了很久的日晷仪。这个做得很精确的日晷仪受到了邻居们的赞美。舅舅詹姆士牧师还要求牛顿在他的教堂里也装上一个。这个日晷仪后来被送到柯斯特沃斯教堂，嵌装在管风琴正后面的墙壁内，至今仍原状保存着。

没什么变化的牛顿家，唯一的变化就是牛顿在

043

牛顿传

一天天地长大。精明能干的外婆开始注意培养他的体力。

"艾萨克,帮一下忙。"牛顿很听话,拿锄头、挤羊奶、拉马缰等工作,他什么都肯做,而且都很高兴做。

和外婆一起搭乘载货马车,到格兰瑟姆镇出售蔬菜、水果是最令牛顿兴奋的事情之一。当然,这都是在赶集的日子。马车一到镇里的广场,他们先找个好地点把马拴住,然后搬下货物,这些大多是从田里收获的,但也有乳酪、牛油等。外婆和牛顿在大席子上把玉米、南瓜、马铃薯等分别堆成几个小山堆。露摊布置好了,牛顿和外婆就坐在摊子后面,等待顾客光临。

在一个个紧挨着的露天摊子旁,盛装的男女不断地来来往往,挑选商品。轻松热闹的气氛使人们乐意打开钱袋。格兰瑟姆镇附近乡村的人也逐渐到来。人越来越多,声音也跟着越来越嘈杂,令人感到头晕目眩。对于市集的热闹,牛顿又喜欢又讨厌。每当他见到有人站在自己摊位前挑选东西的时候,就会感到害羞。在伍尔索普村,即使是到教堂去,也见不到这么多人。

蔬菜、水果堆越来越少的时候,牛顿就向外婆提出了要求。

"外婆,回去的时候买水彩颜料、铅笔……"

"好吧,今天你帮了不少忙。"慈爱的外婆因为钱袋越来越鼓,心情格外的好。

货物卖光了的人、整理剩余不多货物的人,都收拾起来准备回去了。

"我们也该收摊了,只剩下这些……"外婆把最后的小堆苹果便宜地卖给路过的中年妇女,很满意地准备收摊回家。

"时间还早,我们去买东西吧。"外婆带着牛顿到文具店去买东西了。

与来时一样,载货马车的行列陆续返回。在扬起的尘土和连连不断的赶车声中,传来活泼、愉快的歌声,外婆合着节拍摇晃着身体。

"外婆,我想到那边去看看。"坐在粗糙的驾驶台上,因为一天的劳累而打盹的外婆惊醒过来,她擦擦眼看向牛顿所指的方向。那里有高大的风车在秋风中静静地转动。这个风车是磨坊用来磨小麦的,吸引

牛顿传

了不少人来观赏,是格兰瑟姆的名景之一。

外婆对风车没有兴趣,她担心在路上遇到强盗。如果和大家在一起,就不怕被抢了。但外婆还是放慢了马车的速度让牛顿可以慢慢地观看风车。

牛顿开始在脑海中思考风车的构造,他小心翼翼地把口袋里的水彩颜料和铅笔拿出来。牛顿看了看放在手掌上装颜料的四方形小瓷皿,笑着说:"只要有这几色颜料,什么都可以画了,外婆。"

"那太好了。"外婆也很高兴。牛顿手握铅笔,在纸片上画风车。连隐在树林里看不清楚的磨坊也画了进去,又画上自己猜想的风车的构造,这里画一条线那里画一条线的,变成了一幅奇怪的图画。牛顿把铅笔放进口袋里,对着怪图想象风车是怎样把小麦磨成粉的。

"艾萨克,想不想去格兰瑟姆的学校?"突然被外婆一问,牛顿眨了几下眼。

"我讨厌学校。"牛顿不高兴地说。

"你准备耕田过一辈子吗?"已经11岁的牛顿可以决定自己愿不愿意做一个只是耕种田地的人。被

外婆这么一问时,牛顿反而不知道该怎么回答了。

"不管是做牧师也好,当医生也好,都得中学毕业才行啊。"牛顿依旧沉默不语。

"做画匠或者是木匠吧!"

"我去格兰瑟姆的话,就剩外婆一个人了。"牛顿说。

"我有打算了,到时再说吧。"外婆的神情有些落寞。

"我会好好想一想的。"牛顿已经下定了决心。

"对,好好想一想吧。"

不知不觉已近黄昏,马车的行列越来越稀疏了。牛顿手握铅笔,在刚才的纸片边上写了几句富有诗意的句子。外婆和少年的脸在夕阳下映得红红的。

第二章 创造力非凡的少年

第二章 | 创造力非凡的少年

到格兰瑟姆中学读书

爱好机械制作、喜欢绘画和思考的少年艾萨克·牛顿,决定进入格兰瑟姆中学就读了。

当时没有汽车、火车、电车等便利的交通工具,只有偶尔经过的用于长途运输的马车。牛顿为了方便上学,只好租住在格兰瑟姆克拉克药局的二楼。

格兰瑟姆中学的校长是牛顿念过的史托克私塾的创办人亨利·史托克先生。史托克先生是一位声誉很好的教育家,他也很喜欢牛顿。牛顿所居住的药局主人的弟弟是这所中学的数学老师。因此对这种新的学习环境,牛顿并不感到排斥。

在新学校里,牛顿仍然不和别的孩子交朋友,他还是喜欢一个人呆呆地坐在角落里想些什么。活泼开朗的少年们看到他这副样子,都很不喜欢他,大家都远离他。

"呆子来了!"同学们看到牛顿,就故意大声嘲笑

 牛顿传

牛顿就读的中学

他。可是牛顿从不理会,如此一来,调皮捣蛋的同学就更想捉弄他。牛顿在学校里变成了专被恶作剧的对象。老师们也没有称赞过牛顿,因为牛顿对学校的功课一点儿都不放在心上。除了在学校,牛顿所有的时间都是躲在药局二楼的房间里。锯子、凿子、刨刀、锤子、水彩画具等都被他带到这里来了。

在药局二楼的另一个房间里,住着一个年纪和牛顿相仿的少女。她是克拉克夫人与前夫生的孩子,名叫安妮·斯托瑞。

"斯托瑞小姐,给你做个书架好不好?"牛顿望着斯托瑞的房间,吞吞吐吐地问道。她的房间里没有书桌,也没有书架,角落里堆着一堆书。

"真的?你会做吗?"

"嗯。"牛顿面红耳赤地小声回答。他买来木板,刨好之后组合成书架,最后刷油漆。一个星期里他每天都在忙着做这个书架,只有在吃饭的时候,斯托瑞才能见到他。

"牛顿先生,你整天在房间里面做什么?"

"做木工呢。"

牛顿传

"是不是在做我的书架？"

"是，是的。"牛顿高兴地说着，竟然把没叉到食物的叉子放到了嘴里。

"啊！"斯托瑞看见他的动作，不禁哈哈笑起来。牛顿感到很不好意思，匆匆吃完就赶回房间，比平时更用心地工作。

不久，斯托瑞的房间里就放上了牛顿做好的精美的书架。

"再给你做一张桌子吧。"

"谢谢，牛顿先生。你好像是家具店的推销员了。"斯托瑞开心地向牛顿道谢。当然，牛顿也感到很高兴。

他用三个星期的时间把小桌子做好了。"牛顿，你的手真巧！"药局主人一看到桌子，就赞不绝口。

"还有，耐性也很好。"对牛顿的死气沉沉一直不太喜欢的克拉克夫人发现了他的长处之后，态度也改变了。

牛顿想起了每次赶集就能看到的磨面粉的风车。他非常想去看看风车，但外婆说路上会遇到强盗又让他感到害怕。"斯托瑞小姐，你看过那个磨面粉的风车没有?"牛顿终于鼓起勇气,询问起斯托瑞。"有呀。"她回答得很干脆。

斯托瑞看出了牛顿的想法,主动和牛顿一起去看风车。风车在镇内,从来没有强盗出现。牛顿知道了之后在心里嘲笑了自己。进入风车磨坊后,牛顿极为仔细地观察起来,他想把风车的结构印在脑海里。回来的途中斯托瑞和他说话,他都答非所问,这让斯托瑞很生气。到家后牛顿飞奔到房间里,拿出一大张纸把印在脑中的风车结构一点一点地画下来,直到画完后才感到安心。

第二天,这幅机械图被克拉克夫妇看到了。"你对机械知道得很详细嘛。"药局主人说。在那个时代,还没有发明蒸汽机和发电机,磨粉机和手织机可以说是最复杂的机械了。

几年前,德国一个叫马德堡的城市,市长奥托·冯·格里克做了一项实验。他把两个铁制的半球合在一起,抽出球中的空气后,用十六匹马才把两个半球拉开。这一项实验在历史上被称为"马德堡半球实验"。当时就是这样的时代,仅仅画了风车的机械

图,就会被夸赞对机械很内行。自此以后,克拉克家的人不但不认为牛顿是呆子,反而认为他很有才能,牛顿因此心情变得非常好。在克拉克家的人面前,牛顿也像在伍尔索普的外婆面前一样,不再那么呆板了。

精巧的小水车

牛顿开始着手制作水车。

一个晴朗的星期天,做完礼拜,牛顿和斯托瑞并肩走到教堂后院的墓地。牛顿从草木丛中把前天隐藏好的水车拿出来。斯托瑞看着精巧的手工水车不禁瞪大了眼。牛顿要把水车装到后院的小溪流中,他拿出准备好的轴承开始装水车,水车一装好就迅速地转动了起来。他们俩全神贯注地注视着飞快旋转的水车。

"喂,呆子!今天和女孩子在一起,好得意啊!"背后的嘲笑声惊醒了专注于看水车的两人,他们回头一看,原来是学校里有名的"小霸王"乔治。

"你说什么?"牛顿怒吼起来。

"好,要打架吗?来吧!"乔治的声音很有威慑力,牛顿有些害怕了。这时候乔治突然抬起右脚,重重地踢向牛顿的肚子。牛顿惨叫一声,两手抱着腹部,弯下

了身子。趁乔治被他的叫声分神的时候,牛顿迅速抬起右手用尽全身力气对准乔治的下巴飞起一拳,乔治的口角流出了血;牛顿发狂似的抱住乔治的双脚,乔治摔倒了,脑袋差点撞在白漆木栅上。乔治双手抱住头,牛顿飞快地转到他身后,双手交叉扣住乔治,把他的脸用力地压向木栅,乔治的鼻子顿时血流如注。

"不要打了!"斯托瑞的一声叫喊使牛顿清醒了过来,他站起来拂去衣服上的泥土。在女孩子面前被打败的捣蛋鬼乔治一副惨兮兮的样子,低下头悄悄地走了。牛顿感到心里郁积的闷气好像一下子发泄光了。

"沙沙……沙沙……"水车飞快地转着,并不理会周遭的事物。牛顿走到水车旁,用一块木板挡住流水,形成了一个小瀑布。他把水车移到瀑布下,水车旋转的方向倒转了过来。牛顿又开始思考:"水车的这两种装置法,到底哪一种更好呢?"

"斯托瑞小姐,回家吧。"牛顿以一种从未有过的开朗声音说道,一手拿起水车,一手拉着斯托瑞的手,脚步轻快地返回了药局。

"没有比和人争吵更讨厌的了。以后不要与人结仇,不能再和人打架,也不要卷入争执中。"牛顿回去后在房间里深深地自我反省。若非对方有错在先,他会去道歉的。

"牛顿的性情好像变了!"

"似乎一下子变得开朗多了,太好了!"

"好像是星期天和斯托瑞在教堂后院游玩以后的事。"

"对啊。"

"发生过什么事吗?"

"我以为是有什么高兴的事,但好像又不是,衣服弄得脏脏的,是斯托瑞悄悄替他弄干净的。"克拉克夫人用疑惑的口气说。克拉克夫妇一直都没能明白牛顿为什么改变了性格。教堂墓地的事,牛顿和斯托瑞一直都在保密。

 牛顿传

牛顿的改变

自从打架以后,与过去相比,一切都好像不太对劲了。牛顿不再动手做东西,为了早日忘掉不愉快的事,他开始作诗和绘画。牛顿的诗很糟糕,不管怎么用心思索,他对自己作的诗都感到很不满意。最后,他不得不向药局主人借书来看,遇见了中意的诗,就把它抄录下来钉在墙上,边看边朗诵。但那些不是自己的诗,牛顿没有任何的满足感。

一次,牛顿想给外婆画一幅肖像画。他想象着外婆在伍尔索普的白石小屋中,和一个男用人过着孤苦伶仃的生活。牛顿最熟悉外婆的发型、弯曲的眉毛、眼、鼻等和她脸上的每一种表情,但就是画不出来。牛顿失望了,不再画自己最熟悉的外婆的脸孔,改画校长的脸。因为校长经常戴着相同的假发,这应该比较好画。但改来改去,牛顿总觉得自己画出来的不像史托克校长的脸。桌上的两支蜡烛已经烧完了一支,牛

顿放下了笔,靠在椅背上,看着苦心画出的校长的肖像,越看越觉得好笑。他心想:明天到学校要仔细观察校长的脸。想到这儿的时候,剩下的一支蜡烛也熄灭了,他不得不躺到床上去。

第二天,牛顿到了学校,用一种和平常不同的眼神观察着校长。

"我的脸粘上了什么东西吗?"史托克校长抚摸着胡须问道。

"不,不是的。我想画您的肖像。"

"哦,画好了给我看看。"校长手扶着牛顿的肩膀说。牛顿抬头看看校长,微微一笑,他很吃惊自己居然能做到把心里所想的话自然地说出来。

牛顿想到,虽然自己有某些方面的天分,但不勤奋努力是不行的。从此,牛顿开始刻苦地学习学校的功课,也开始和班里的同学交往,再没有人叫他"呆子"了,他的课业成绩也越来越好。

教堂庭院里的白杨纷纷落叶,枫叶也慢慢变红了,白昼越来越短。格兰瑟姆中学每天清早要做弥撒,师生都不能缺席。在这日短夜长的季节,早上到学校

牛顿传

时总要走暗路。大家只能借助暗淡的星光,缓缓前行。忽然,有人提着灯走了过来,前面的学生回身一看,原来是牛顿。

"这样真不错啊!牛顿。"

"是很方便,可以走得快,又不会跌倒。"

"在哪里买的?"

"我自己做的,很简单!"

"我也想要。"

"好,我帮你做一个。"牛顿一口答应了,他为了给同学们做提灯,一夜没睡觉。不久,格兰瑟姆镇出现了一群提灯行走的学生。

这时候,镇里到处流传着这样的话:"一定有什么不祥的事要发生了。"

"真的,怎么办?"

"我们凡人只好听天由命了。"

"如果流行鼠疫,怎么办?"

"到时候只有弃家躲避了。"

夜间上街的镇民都非常恐惧。因为天空出现了代表凶兆的彗星。

"这一定是我们的心不够虔诚,大家一起来祈祷吧。天上的神啊!请救救我们的灵魂。"

"阿门。"

"阿门。"

镇内,家家户户关起了窗户,放下了厚厚的窗帘,人人都躲在屋子里。克拉克药局的后门,有个人影闪了进去。他蹑手蹑脚地走上二楼,进入房间,这人正是牛顿。他把做好的提灯绑在风筝上,放到夜空里去了。原来所谓的凶兆是牛顿的恶作剧,格兰瑟姆的镇民几个晚上就因为这假彗星恐惧不已。当克拉克夫妇发现并愤怒地责备牛顿时,他冷静地回答说:"彗星到底会对人类产生什么影响呢?真正的彗星就和这些灯一样,绝不是什么不祥之兆。"

牛顿已经不是只喜欢手工制作的孩子了,他开始更深层次地思考身边每一种自然现象的原理。

牛顿传

风车转起来了

牛顿决定开始制作向往许久的风车。

"既然要做的话,就要做得跟真的一样。"牛顿这样想。他首先用布和木材,做了一个可爱的风车模型。他把风车模型装在药局的屋顶上。这个风车看起来很好,远看时就和真的一样。可是,风再怎么吹也不转,像是死了的风车。牛顿感到很羞耻,趁人不注意的时候赶紧拿了下来。

斯托瑞饲养了一只白老鼠。"米琪,早。来,给你吃东西。"她给白老鼠取名叫米琪,就像家里的一分子一样。米琪经常到处跑来跑去。

牛顿又在动脑筋了。他想利用米琪运动时的力量做一个玩具。白老鼠是斯托瑞的宠物,如果能够为这个小动物做一个有趣的玩具,相信斯托瑞一定会喜欢吧。牛顿脑海里浮现出少女温柔的笑容。一旦决定,牛顿就开始行动了。白老鼠的影子在他的脑海里不

停地绕着跑。他想:"米琪一直在我脑里旋转,却跑不到脑外去……能够设计一个不管怎么跑也跑不出去的东西就好了!对了!车,米琪的车子。"

牛顿的脑海里已经有了一个米琪一踏就会转动的车子的构想,现在只要利用木片、铁丝等材料就能着手制作了。对手艺了得的牛顿来说,这种工作不算什么,像小型水车的笼子很快就做好了。

"斯托瑞小姐,我想把米琪放在这里面……"他把这个小玩具拿给斯托瑞看的时候,居然感到有一点不好意思。

"好啊。"斯托瑞很信任牛顿,一口答应了他。牛顿拨动车子的一侧,车子出现了空隙,斯托瑞让米琪钻进去。还没等牛顿重新把车子安装好,这只性急的小老鼠就跑了起来。一直注视牛顿手指动作的斯托瑞见到米琪不停地跑,车轴也不停地旋转,兴奋得跳了起来。装有米琪的车子一直在疯狂地旋转着。

"太妙了!牛顿先生。"斯托瑞对牛顿的创造力深感惊叹。牛顿动也不动,全神贯注地观察着车子旋转的情形。过了好一会儿,牛顿开口了:"斯托瑞小姐,

牛顿传

从此以后,把米琪叫作密尔好不好?"密尔就是"磨坊"的意思,这个车如果像水车或风车那么大的话,就可以把小麦磨成粉了,这就是小型的磨粉车啊。

"很好,很好!密尔,加油!"斯托瑞没有反对的理由,其实,她心里早就准备什么都赞成的。替密尔加油,也就是为少年发明家加油。当斯托瑞拍手赞叹的时候,牛顿又在想别的事情了。对了!何不用这个磨粉车来转动那个风车呢?

牛顿马上开始刨木头,声音惊动了斯托瑞。"这次要做什么?牛顿先生。"

"斯托瑞小姐,以后再把密尔借我用一用好不好?"

"好啊,做什么用?"

"用来转动风车。"

"风车?"

"就是那个不能转动的风车,我想让密尔转动转动。"

"那倒是蛮有趣的,究竟行不行呢?"

"把齿轮装在风车与磨粉车之间,配合得好的话,一定行的。"

"好像很有趣,让我来帮帮忙。"过了几天,两个小齿轮做好了。他把齿轮连接在风车和磨粉车之间,然后再把白老鼠密尔放进去,它奔跑起来,带动了磨粉车转动,连带着转动了风车。

"好像有风在吹着一样。"模型风车和格兰瑟姆转动着的那个风车一模一样。

"斯托瑞小姐,谢谢。"牛顿真诚地向斯托瑞道谢。

"把它装在屋顶上,让大家惊奇一下。"次日一早,在大家起床之前,牛顿来到屋顶上,把风车装好,虽然没有风,但在密尔的力量下小风车还是飞快地转动了起来。

"把这个给密尔,肚子饿了很可怜!"斯托瑞把装有麦子的小口袋系在屋顶上垂下来的绳子上,让牛顿拉上去喂白老鼠。

"密尔在吃了。"

"难怪不转动了。"

"密尔不把小麦磨成粉就吃掉了。"

"糟糕的磨粉者。"两人哈哈大笑。

牛顿传

制作水漏时钟

"克拉克先生,现在几点了?"其实没有时钟的不只是水果店,因为那个时代,需要在一定的时刻集合一起做事的,只有学校或教堂而已。居民只要日出而起,日落而息就可以了。马车在出发前会吹喇叭,上课或教堂开始礼拜也都是以鸣钟通知。所以,普通人家不必置备时钟。这种麻烦的东西,只要教堂、学校和驿站置备就行了。

当时的时钟大多是沙漏时钟,克拉克药局里也有一具。沙漏时钟是将装有沙的容器上下叠置而成。沙通过两容器间的细管,从上方容器落入下方容器内。沙漏时钟的主人每天早上听到学校的钟声一响,就把下方容器内的沙全部倒进上方容器内。沙开始流动,在下方容器的刻度上表示出时间。

牛顿仔细观察着克拉克药局的沙漏时钟,发现了种种问题。他想,水漏时钟会不会比沙漏时钟好呢?

沙漏时钟很难使沙流的速度维持不变。上方容器内的沙量多少,足以影响沙的流动速度。量多时,沙粒间相互强力挤压,影响了流入细管内的速度,量越少,沙漏时钟内的沙流动就越快,这是很大的缺点。水漏时钟似乎比较精确。只要尽可能开一个非常小的洞,让水一滴一滴地匀速滴下来,上方容器中水的多少对速度几乎没什么影响,时间会比较精确。

"我想做水漏时钟,这个箱子不用的话,能不能给我?"牛顿指着他早就注意到的空木箱,向克拉克夫人询问道。

"水漏时钟?不是沙漏时钟吗?"

"是的,原理和沙漏时钟一样。"

"你发明的吗?"自从制作了白老鼠转动的磨粉车以后,牛顿便被公认为是发明家。

"不,不是我发明的。是在书里看到的,是几千年前就有的时钟。"克拉克先生有许多藏书,牛顿借读的时候知道了水漏时钟的事情。

"你要做古代的时钟?"克拉克夫人完全不懂牛顿的想法。

牛顿传

"可能比店里的沙漏时钟要好呢。"

"哦,真的吗?"牛顿向克拉克夫人讨来了差不多有自己那么高的细长木箱后,请斯托瑞帮忙,搬入二楼的房间,开始制作水漏时钟。水漏时钟需要上、下两个水槽。牛顿把木箱竖起来,在箱内较低的地方,做了两个上下重叠的水槽。上槽底开一个小洞,在上槽装入的水,就一滴一滴地滴入下槽中。

牛顿没有在下槽做表示时间的刻度,却在下槽中放置了一块几乎盖住了整个槽面的木板,下槽中积了水,木板就会往上浮升。他又在这块木板的中心,竖立了一根把手似的长木棒,将它牢牢地钉住。当木板往上浮动时,木棒也就跟着上升。牛顿是想利用这根竖立的长棒,转动钟盘上的指示针。接着,牛顿开始着手制作数字圆盘。他在木箱外表较高的地方画了一个圆圈,然后在圆圈上标示刻度和数字。他又在圆圈中心开了一个较大的洞,嵌入钉上指针的圆柱。当然在箱后面木板上的同一位置也开了个洞,以便放置圆柱的后端。圆柱由前、后两个洞支撑住,指针就在数字圆盘上指向刻度。他用手指转动,指针与圆柱就一齐转

动了。

"这样就好了。"牛顿在即将燃尽的蜡烛旁边,点燃了一支新蜡烛。牛顿在下槽浮板上直立的长棒上端钉上铁钉,再把细绳的一端紧系于钉头上,另一端绑上一块小石块,挂在钉上了指针的横向圆柱上,由于石头下坠的力量,细绳紧紧附着圆柱,向下垂直。

"已经完成了。真好!"牛顿向窗外一望,天已微明,不知不觉熬了个通宵。牛顿用手按着数字圆盘上的针,想要转动,他觉察出这次与刚才不同,因为细绳与横向圆柱摩擦使指针很有分量。

牛顿非常满意,开心地笑了。他躺在床上,等待教堂的钟响。

"当当当当当当……"钟声响起,牛顿马上从床上跳下,很快地把水装入上槽中,把指针指向六点,这一天正好是星期天。牛顿随着克拉克夫妇和斯托瑞到教堂去做礼拜。因为惦记着水漏时钟,牛顿一会儿唱错歌词,一会儿四处张望。

礼拜完毕,牛顿撇下克拉克一家,飞奔回药局。指针正指着七点二十四分。

牛顿传

"妙极了！"对于牛顿,没有什么比这个更令他高兴的了。这个新设计的时钟,能正确指示时间到"分"的程度,是沙漏时钟绝对无法办到的。兴奋的情绪略为平静之后,可以听到微小的水滴声,那是水滴在刻画时间的声音。牛顿不禁凑起耳朵静听。

"艾萨克,你怎么了？"斯托瑞喘着气跑进来。

"终于完成了我的水漏时钟。你看,现在是七点二十九分了。"牛顿的手指按在钟盘上,小心地读出时刻。斯托瑞佩服地望着他。没过多久,牛顿的水漏时钟在镇内就出了名。连没有必要知道时间的人,也跑到药局的二楼来参观,史托克校长也来了。所有的人都赞叹不绝。

最有趣的是,赶集的那一天,克拉克药局里来观赏白老鼠转动的风车和水漏时钟的人络绎不绝。参观者带来了玉米、小麦等饲料作为礼物,他们爬下小阁楼后就在药局买药,药局的生意前所未有地兴隆。

一两个月后,牛顿的水漏时钟发生了不正常的现象,时钟的时间越来越慢了。牛顿动了好几天的脑筋,终于找出了原因。原来是上槽槽底的小洞积聚了水中的污垢,导致流速减弱。牛顿怎么也没想到,他所做的沙漏时钟和水漏时钟的研究,会在三年后被公开地介绍。

牛顿的中学时代是多姿多彩的,虽然他在一些人的眼中仍有些呆笨,但他不凡的才能越来越多地展示出来了。

 牛顿传

酷爱读书的农夫

在格兰瑟姆生活已经两年多了。一天,牛顿的母亲汉娜来到了克拉克药局。因为她的第二任丈夫史密斯牧师去世了,所以她带着后来生的三个孩子回到了伍尔索普村。

"艾萨克,你已经14岁了,到了要选择职业的年龄了。你是怎么打算的?"牛顿不好意思对母亲说出自己的想法,因为他根本没认真考虑过将来的职业。

"暂时没有。"牛顿回答得很干脆。

"那么,和我一道回伍尔索普吧。不久以后你就得担负起庄主的担子,现在要开始准备了。"汉娜边说边看着牛顿房间墙壁上贴满的画。有动物、船只,还有外婆和史托克校长的肖像。特别大的是查理一世的肖像,画像下面写着牛顿作的十行诗。汉娜又看到了几张纸片上的数学公式,她不禁愣了一下,回头看着牛顿说:"你要做个比你父亲成功的地主。"牛顿嘴上答

应着,心里却在想着水漏时钟、风车、拉丁语、数学、神学,还有斯托瑞和格兰瑟姆的一切。

牛顿深深地觉察到母亲并不能真正地理解自己。真正能明白自己想法的可能只有斯托瑞小姐和史托克校长而已,牛顿想着。

"好了,赶紧收拾吧,不然会赶不上大家的。"汉娜在一旁催促着,把牛顿零零碎碎的东西通通搬上了马车。

"这些留作纪念吧。"牛顿把水漏时钟和风车留在了克拉克药局。对于这一突发事件,斯托瑞比谁都难过。她一边哭泣一边到处寻找史托克校长。当斯托瑞和戴着白色假发、拄着拐杖的史托克校长回到药局的时候,牛顿已经坐在马车上向他们挥着帽子了。

"要回去吗?继续用功啊!"史托克校长看到自己认定的最有才能的学生竟然辍学回乡务农,不禁感到十分惋惜,泪水从眼中慢慢地滑落下来。斯托瑞更是失声痛哭。当斯托瑞挥舞白手帕的身影逐渐消失不见的时候,牛顿也觉得无限悲伤,默默地低下了头。

六月灼热的阳光照耀着奔跑的马车,汉娜把家中

 牛顿传

的琐事一件件地说给牛顿听,诸如男用人汤姆很忠实,他们饲养的羊已经有多少只了,等等。牛顿并没有听进去母亲述说的那些事,他一直沉浸在自己的想象中。

遥远的山丘上,渐渐露出白石小屋的面貌,与以前急切地盼望回家的感觉全然不同,随着路程越来越短,牛顿的心越来越重了,他觉得那个房子好像是将要关押他的牢房一般。

许多人站在门口迎接着汉娜和牛顿,这些人中就包括牛顿同母异父的弟弟和两个妹妹。弟弟妹妹们很喜欢牛顿,总是缠着他要他陪他们玩耍,使得牛顿没有时间静下来思考,连做实验和制作东西的心情都没有了。只有晚上有些空闲的时间,可是家里的气氛总让牛顿觉得别扭。牛顿想认真地阅读一些书,家里却连一本书都没有,自己带回来的那些,内容几乎可以背诵下来了,他时常想起有许多藏书的克拉克药局以及和斯托瑞在一起时的快乐时光。

一段时间过去了,牛顿渐渐习惯了眼前的生活,维持家庭开销的重担也落到了他的肩上。勤劳能干

的外婆已年老体衰,精明贤惠的母亲身体又不好,弟弟妹妹们的年龄太小,家中能够工作的只有汤姆和牛顿而已。

"不努力不行啊。"汉娜的口头禅已深植于牛顿的心中了。

夏天,田里的工作非常辛苦。牛顿干一点活儿就不停地流汗,脸上的汗水经常刺痛眼睛,不小心用手直接擦脸,手上的泥沙就随汗水进入了眼里。手掌上起了水泡,水泡破裂后非常痛。

"少爷,休息一下吧。"汤姆知道牛顿在苦撑,好心地劝他。

"谢谢。"牛顿丢下锄头,瘫坐到地上。汤姆向牛顿诉说了他的经历。

因为战争,汤姆的独生子死在了战场上,他不得已来到牛顿家谋生。汤姆悲伤地说:"没想到,我这么大的年纪,竟遭遇这种不幸!"

"由于动乱,到处都是惨状。少爷也许还没体会到,最近的生活多么艰难……"汤姆继续说道。

被称为"清教徒革命"的英国革命风暴结束后,查

牛顿传

理一世已被处刑,克伦威尔也当上了护民官,取得了政权。大体上战争已经平息,可是家毁田荒,租税又重,人民的生活太难了。牛顿想:"世界竟是这样的动乱不安。"从那以后,牛顿更加努力地耕作。他每天日出而作日落而息,一天比一天更像个农夫。

1658年9月3日,是一个值得纪念的日子。伍尔索普的草原上,历史上伟大的科学家艾萨克·牛顿,在尝试着他初次的物理实验。

夏末秋初的英国南部被罕见的风暴侵袭。大树在风中被压弯了腰,田里的玉米成片成片地被吹倒。牛顿家里的人全都躲在屋子里。

"艾萨克,你要做什么呢?"牛顿不顾母亲的叫喊,迅速套上披风,向庭院里跑去。雨点像小石粒般地落下,牛顿顾不得擦掉脸上的雨水,快速地来到苹果树下捡起几个红苹果。然后迅速地离开苹果树,跑到庭院的中央。在脚下放了一个苹果后,他顺着风向像青蛙一样用力向前跳了一步,在脚落下的地方又放上一个苹果。在湿淋淋的绿色草地上,两个红苹果之间,牛顿记录下自己的跳远距离。如果借着强大的风力,他

可以跳三米远。接着他改为迎风而立,忍受着几乎要把他吹倒的风,从第二个苹果拼命跳向第一个苹果,结果只有一米远。牛顿又回到第一个苹果的位置,展开身上的披风,像只黑鹰顺风一跃,这次比第一次跳得更远。牛顿从雨点的方向发现了风向的变化,他做这项实验是希望通过两者之差求得风力。风力越强,差距就越大,终于可以确定他的推论了。

其他的人压根儿就不明白牛顿在做什么,甚至觉得他是不是有些疯了。牛顿根本就没注意到他们的反应,他顾不得换下身上湿透了的衣服,一进屋子就拿起铅笔,把数字记录下来后又再次奔向庭院。牛顿想从顺风和逆风的跳远差距中,求得风与力之间的关系,可是这对这时的他来说太难了,他深感力不从心。

一个赶集的日子,牛顿和汤姆一道赶着载满蔬菜的马车驶向格兰瑟姆。进入镇里的时候,看着磨坊的大风车,牛顿觉得好像是回到了心中的家,又快乐又激动。马车经过克拉克药局的时候,牛顿说:"汤姆爷爷,我就在这里等你,回去的时候来接我。"他从驾驶台上跃下,头也不回地跑进店里去。

牛顿传

"咦！是牛顿呀。"斯托瑞兴奋地迎上来。

"克拉克先生他们呢？"牛顿问道。

"去市集了，大概马上就会回来的。"

"我很想向克拉克先生借书，他不在怎么办？"

"等一下我替你说一声，先拿去看好了。"

"那太好了！"牛顿从口袋里拿出笔记本，抄写书中他感兴趣的部分。斯托瑞在他身旁看他抄书，后来实在感到无聊便也到市集去了，牛顿一点儿没发觉。直到太阳快落山了，汤姆来叫他时，他仍在专心地抄录。

晚饭的餐桌上，大家问的都是市集上的情况。当然能回答的只有汤姆，牛顿只是搭搭腔而已。

另外一次的市集，牛顿先去逛书店，买了几本有趣的书，然后再到药局借书看。再下一次的市集，因为有书可看，他觉得没必要去格兰瑟姆了。所以当马车远离伍尔索普庄园，已经看不见白石小屋的时候，牛顿跳下马车向汤姆说道："我就在这里等你。"也不管汤姆瞪大了眼睛，牛顿就顺着田埂跑开了。他在一棵大树的树荫下坐下来，翻开了书本。

牛顿并不是讨厌做农夫,只是更喜欢读书而已。他放羊或喂鸡的时候,通常是边看书边干活,离开鸡舍的时候,常忘记关门。一群鸡到处乱跑,甚至把田里的萝卜或小白菜啄得光光的,这些往往都是汤姆替他善后。

有一次牧羊的时候,发生了一件更糟的事情。约有十只羊跑到了爱丽莎家的玉米地,把地里的玉米苗全破坏了。

"夫人,您家的羊糟蹋了我家的玉米地。"爱丽莎手拿着被吃得烂兮兮的玉米苗给汉娜看,汉娜只好拿出钱来赔偿。

这类事情一再发生,后来他们发觉,最适合牛顿做的是挥动锄头的体力活。这样一来,牛顿就是想看书,也没什么时间看了。牛顿从不抱怨,为了一家的生计,应该怎么做,他知道得很清楚。他对于自己的境遇有正确的判断。牛顿无论在什么时候,总是能坚定地向自己的目标前进。

牛顿回家务农将近两年了,但他还是没有掌握一个农夫该有的技能,总是做出千奇百怪的事来,而且

牛顿传

做怪事的次数好像越来越多。

又到了酷热的夏天,汉娜问汤姆:"你认为艾萨克怎么样?"汉娜对于儿子能否做一个合格的农夫,逐渐失去了信心。

"夫人,是什么意思?"汤姆慎重地问。

"我认为你比较了解艾萨克,他到底适不适合做农夫呢?"汤姆发觉这个问题很重要,所以谨慎地回答道:"也许我的看法并不正确,不过,我总觉得少爷不像是做农夫的人。"

"为什么这么说呢?"汤姆决定为了牛顿的前途,把自己所知道的一五一十地说出来,包括忘记把羊或鸡赶进圈内以及连赶集时都找地方看书的事等。汉娜很难过,她一直不想承认这点,听到汤姆说的话她受到了很大的打击。

"谢谢你坦白地告诉我。"汉娜无力地站起来,她决定去教堂找哥哥詹姆士牧师商量一下。这个问题,汉娜一个人是无能为力的。

"嗯,嗯,这样子啊。"詹姆士牧师对汉娜的每一句话都仔细地思考着。

"汉娜,我们必须为牛顿着想,既然他长大了之后不会成为一个好农夫,这一定是神的旨意,不让那个孩子做个农夫。"汉娜听了,感到对未来的一切计划都成空了,顿时头昏脑涨,几乎要晕倒了!从那以后,汉娜常独自琢磨,很少和牛顿交流,她想象着所有可能发生的情况,并衡量了自己的将来和儿子的将来。

"哥哥自己念了大学,所以见了人必定劝人去读书。但是我们没有余力送牛顿去念大学啊!"汉娜思考着。而且不管是为了什么目的,要让作为一家之主的儿子离家在外,她总觉得不舍。

又是一个赶集的日子。在格兰瑟姆镇内,格兰瑟姆中学的史托克校长和马车上的汤姆打招呼。

"牛顿在做什么呢?好久不见他了。"校长捋着发白的胡须问道。

"请上马车,我带您去……"汤姆忽然心里一动,认为把牛顿的命运托给史托克校长也许是最好的办法,于是请校长上车。

"好啊。"校长拉了一把汤姆强有力的手,轻松地上了驾驶台。

 牛顿传

"就在那边。"快到伍尔索普时,汤姆指着前方说。前方只看得到几头牛。

"你真有趣!难道那头牛是牛顿转生的吗?哈哈哈。"

"不,不是的,是在木栅的地方。"

"嗯,很美的景色。"广阔的绿色草原中,连绵如波涛的木栅围在土地的界线边上,附近散放着一群群的牛和羊。

"原来如此,那个人就是牛顿吗?"校长接着说道。

有一个少年倚着树荫下的木栅在看书,那正是牛顿,校长看见了他。汤姆大声叫着牛顿的名字。牛顿慢悠悠地抬起头,见到校长坐在马车上,十分意外。

"牛顿,我辞掉了学校的职务,要到你们教区当牧师了。"在马车上,头戴丝织高帽的校长亲热地拍了一下牛顿的肩膀,使得这个衣着邋遢的乡下小子不禁缩了缩脖子。他们一起来到白石小屋。汉娜兴奋得红着脸跑出来。以教育家闻名的校长竟然亲自来访,使汉娜暗自下定了让牛顿读书的决心。

"校长,让艾萨克去念书吧。"汉娜郑重地低头行

礼。第二天,汉娜去看哥哥詹姆士,把事情的经过详细地告诉了他。

"忍一忍穷苦吧!神一定会替你想办法的,牛顿确实是念书的好材料。"哥哥以牧师的口气安慰妹妹。

"不做农夫的话,会成为怎样的人呢?哥哥。"

"多半会成为学者,说不定也会从事和我一样的职业。一切都看神的安排好了。"不是牧师,就一定是学者。汉娜的哥哥就是出身于剑桥大学。

牛顿传

重返学校

听说又可以返回格兰瑟姆中学念书，牛顿不禁欣喜万分，他又可以和斯托瑞小姐见面了，也可以在药局的二楼做自己喜欢的事了。

斯托瑞的心情和两年前一样。克拉克药局的任何事物都和两年前一样。白老鼠仍然忙碌地转动风车，和牛顿一样高的水漏时钟仍然在悄悄地滴着水给大家报时。

1660年，牛顿重返格兰瑟姆中学。复学的牛顿可以说是一个模范生。牛顿心里很清楚家里的贫穷，所以在各方面都尽量节省，鞋子穿得露出脚趾，裤脚和上衣的肘边都磨破了也不换新的。衣服破烂得太厉害时，斯托瑞就会拿出针线替他缝补。

格兰瑟姆中学是一所文法学校，主要学习拉丁文。当时的英国，拉丁文占有重要的地位，大学的讲义、学术书籍、公文等，都用拉丁文。所以，想进入上流

社会的年轻人不先进入文法学校的话,是不可能接触到上流社会的。当然,文法学校的学科不只是拉丁文,还有神学和数学。神学是讲授有关基督教的"神"的学问,不学习神学就无法传教,所以想从事牧师这一行业的人,必须念神学。文法学校的数学主要是几何学。几何学就是研究圆、直线、三角形等图形的学问。在几何学里,三角形内角的和一定是一百八十度,学生必须思考如何做合理的证明,所以几何学可以说是训练正确逻辑思维的一门学科。

牛顿学习十分用功,在学校里没有人比他更努力。不过,星期六他也和别人一样,到镇里的教堂去倾听牧师讲道。牛顿从教堂出来时,只要天气好,就和斯托瑞一起到郊外游玩。秋天的一个天气晴朗的星期六,从教堂出来后斯托瑞说:"牛顿,今天的讲道很有趣吧?"

"有趣,也很奇妙。能那样明白地论证神的存在,我是做不到的。"牛顿近来开始以大人的口气和斯托瑞谈话了。

"神本来不就是存在的吗?"斯托瑞说。

"人们的肉眼看不到神,是用心看到的。"

"无论哪一个国家,总有不信神的人。"清爽的秋风抚弄着斯托瑞的秀发,天上飘浮着朵朵白云。

"论证是件很有趣的事情,斯托瑞。"

"神是会显现奇迹的。"牛顿牧师式的语调,使斯托瑞感觉奇怪,她仔细地看着他的脸,没有说话。

"基督显现了奇迹。"他又继续说下去。斯托瑞睁大了眼。

"所以,基督是神。"斯托瑞再次回过头去看了看牛顿的脸。

"这就是论证,是三段论法……"

"当然是这样啊。"斯托瑞不大高兴地说。明明白白的事情,故意说得玄奥高深,这使她感到讨厌。

"斯托瑞,其实这个论证并不正确。"牛顿突然皱着眉,小声地说。

"什么是错误的?"斯托瑞不理解。

"三段论本身无误,问题在于使用的方法。"

"我一点儿都不懂。"牛顿看似矛盾的话,让斯托瑞更难理解了,她不想再听下去。

"斯托瑞,再听听吧。"牛顿请求道,斯托瑞答应了。

"《圣经》里面记载奇迹。事实上是没有奇迹的。只要发生了罕见的事情,愚昧的人们就认为是奇迹,其实这只是一种自然规律。"牛顿把自己的想法一一说给斯托瑞听。

"牛顿,你说的自然规律,我认为好像是神的法律……"

一听到这句话,牛顿高兴得要跳起来。"这样想就对了。自然界的万事万物,无一不是神的安排。一切都是奇迹,一切也都不是奇迹。"

"那是什么意思呢?"斯托瑞歪着头温柔地问。

"同一个神显示出的事情,你认为有的是奇迹有的不是奇迹吗?"

"不知道。"斯托瑞回答。斯托瑞刚在教堂里听了基督的奇迹。虽然觉得牛顿的说法比牧师的讲道更为合理,但她不能全盘接受他的说法。"不知道"就是表示她的迷惑。

"我想说的是,自然界的事物只有两种情况,都是奇迹或者都不是奇迹。"起先他的语调有点羞涩,后来

牛顿传

越来越激动,牛顿的脸涨红了。

"回到论证的话题吧。"牛顿平复了一下语气接着说道。

"以我的想法来推论,'神会显现奇迹'的这个前提是错误的,所以'基督是神'这个结论就错了。三段论法没有错……"斯托瑞默默地低下头。牛顿对基督、对奇迹的这番言论,她认为是在正面攻击牧师的说法。

"你知道犹大吧。无论这个背叛者怎么要求,基督都拒绝显现奇迹。奇迹不是被祈求就能显现的,这对于神或对于基督都是一样的,最重要的是,基督拒绝显现奇迹。"

"但基督显现了奇迹。"斯托瑞的声音欠缺说服力。

"《圣经》虽有记载,但那是不正确的。事实上,一切都是遵循自然规律而产生的结果,不是奇迹。"牛顿有力地反驳道。斯托瑞更觉得莫名其妙了,也不知为什么,一阵悲哀袭上了她的心头。

牛顿在学校里学习几何学,解决几何上的问题,

第二章 创造力非凡的少年

最重要的就是证明,论述过程就是证明。几何学也可以说是图形的证明学。牛顿学习几何学的时候,深深地被证明过程吸引。对于证明中出现的问题,非得打破砂锅问到底不可。

在格兰瑟姆中学又学习了一年左右的时间,牛顿顺利地毕业了,他是带着优秀学生的名誉参加毕业典礼的。牛顿即将离开格兰瑟姆,他唯一难以割舍的就是斯托瑞,两人在这几年中已经建立了深厚的感情,但是,他们的爱情还未开始就已经宣告结束了。后来,斯托瑞嫁给了他人,而牛顿终身未娶。

第三章
美妙的大学时光

进入剑桥大学

汉娜和詹姆士牧师送牛顿回学校的目的是要他接受大学教育,当然牛顿本人也是这样希望的。任何时代都一样,没有钱是很难进入大学念书的。幸好在詹姆士牧师的多方联系和史托克校长的竭力推荐下,牛顿进入剑桥大学的申请被接受了。

1661年6月,牛顿前往剑桥大学的三一学院就读。

狭窄的马车里坐着三位乘客。衣饰华丽的高尚绅士、故作沉稳的年轻女孩以及衣着破旧的乡下青年。那个紧紧地抱着质料低劣的皮箱的乡下青年就是赶去剑桥上大学的艾萨克·牛顿。

连绵不断、缓缓起伏的丘陵中间有一条白色的道路,马车沿着它往前直走。下坡的时候,马车剧烈地摇晃起来,车身吱吱响个不停,像要裂开似的。三人紧抓住窗框,以免被颠落。不久,车子进入坦途。广阔的草原上,牛儿在悠然地吃草。大概是心情放松了吧,

 牛顿传

那个绅士晃动着脑袋打起盹来。

牛顿厌倦了外面单调的风景,开始环顾车内,他被正在打瞌睡的绅士吸引了,他仔细端详着绅士的脸,绅士身上散发出的高雅、脱俗的气质令他赞叹不已。

"吭!"一声,马车颠了一下。绅士的手杖掉落,丝质高帽飞向空中,牛顿立刻伸出手抓住了。

"啊,谢谢……"接过帽子,绅士点头致谢。

"是去上大学?"

"是的。"

"是入学吗?"绅士微笑着问道。

"是的。"在初次搭乘的马车里和陌生的绅士交谈,牛顿感到拘束。

"哪个学院?"

"三一学院。"剑桥大学的构成单位是学院。13世纪末,首先成立了彼得学院,牛顿去的时候已经有十六所学院了。

"三一学院虽然经费不太充足,但是教授很优秀。"绅士好像知道得很详细,牛顿对他更加敬佩了。

每一所学院的创立人、方向和管理都不同,各自成为一所独立的学院。

"不要把大学当作中学的延长。大学的原意是想给读书研究的人提供一个机会,无论年龄大小,大家组成一个团体,聘请名师来传授学问,这是大学的起源。千万不能忘记这种精神。"

坐在牛顿旁边的女孩,身体微微前倾,看上去很痛苦。

"哦,对不起!请到这边来。"绅士移坐右边,把自己的位子让给女孩。牛顿不明白为什么要这么做。当绅士拿出手帕遮住照在脸上的强烈的阳光时,牛顿恍然大悟。原来女孩坐在向阳的一边,被烈日晒得很不舒服。绅士的谦让使牛顿感到羞愧。

"罗马人是道路工程的天才。"绅士自言自语地说。伍尔索普附近由格兰瑟姆向北延伸的这条道路,是恺撒侵入英国时铺的,路面非常平坦宽广。

马车突然停住,绅士扶着身边女孩的手站起来。牛顿抬头一看是广场,广场周围建有房子。

"到了。"那里是剑桥驿站。无论到哪一个城镇,

牛顿传

马车停驻的地方,都是在旅馆门口。这里的旅馆高大而庄重,格兰瑟姆的旅馆是远远不及这里的。提着旧皮箱的牛顿像个乡巴佬一样,他四处张望,一言不发地跟在绅士后面。绅士被三个衣衫褴褛的乞丐纠缠住。牛顿想起孩提时曾听过强盗和乞丐的事,心里庆幸途中没有遇到强盗。

一幅美景展现在牛顿的眼前。波浪般缓缓起伏的草地上,有城堡、教堂等雄伟庄严的建筑,它们各具特色。这些建筑物前的参天古树,使建筑物若隐若现。

"这就是我要读的大学!"牛顿深深地吸了一口气,迫不及待地向前走去。繁花遍地,鸟声悠扬,他看到清澈的溪流边还有几只天鹅,优雅地游进垂柳树荫中。

牛顿走到一棵大树底下,边擦着汗水边漫无目的地四处观看着,一座被茂密的枝叶挡住一部分的宏伟建筑物,立即让他想起《圣经》中记载的古巴比伦人建筑的通天塔。牛顿向这座仿佛要刺入天空一般尖耸着的塔走去。牛顿推开门,里面的光线很弱,他小心翼翼地走着,还是差点撞上了人。牛顿吓了一跳,因为那

人一身铁甲,手持长矛。

"能不能上去?"牛顿问道。

"请。"

牛顿放下了心,向前面的门走去。

"那边不行,那是牢房……"

牛顿愣住了,张口结舌、不知所措,心想:这里不是大学啊,糟糕!他急忙转身往回走,那个人叫住了他。

"这边走,我代你保管皮箱。"那个人指着相反方向的昏暗地方。牛顿不大情愿地放下皮箱,忐忑不安地向那人所指的方向走去。

牛顿沿着螺旋梯向塔顶走去,每走一步都有沉沉的脚步声。他看到楼梯旁的一个小窗口,于是探头眺望,窗外的景色被大树遮住,什么都看不见。塔内只有从洞孔大小的窗口射进来的几缕光线。有时他的脚像被黑暗吞没似的只剩下一片漆黑,他不禁流出了冷汗。牛顿停住脚步,回头望去。螺旋梯在狭窄的空间里形成美妙的曲线,小窗的光线照射进来,织成美丽的图案。这幅景象鼓舞了牛顿,他一口气爬上了顶端。

 牛顿传

剑桥大学三一学院

牛顿第一次登高远眺,建筑物、河川、树木、草地等看起来都变小了,他感到有些头昏目眩。

"妙极了!"他不禁出声大喊,声音在塔内形成了巨大的回声。这里到底是不是大学呢?牛顿一边想着一边开始往下走。一、二、三、四……他开始专心数起台阶来。刚数到一百九十下,螺旋梯走完了。刚才见到的男子在等着他。

"你是新生吧?"

"这里是大学吗?"牛顿不安地问着。

"当然是。"拿长矛的男子倒是意外的和气。

"我是新生。请多多指教。"

"国王学院吗?"

"不,是三一学院的工读新生。"那人听后突然热情地伸出手来。

"是吗?我也是工读生,看守牢房就是我的工作……有时会感到很烦闷。"

"我的工作也是一样吗?"牛顿着急地问。真没想到要看守牢房!

"不,你放心好了,因为你们的学院没有牢房。我

 牛顿传

们的学院把任何事看得都很严重,所以才需要这种东西,真是令人好笑!"这个老工读生像是要倾吐不满似的说了之后,还把长矛往地上顿了一顿。牛顿本想询问一下,到底做了什么事会被关进牢房里,不过,他还是没有开口。

"再来玩吧。"男人送走牛顿,并且亲切地给他指出去往三一学院的道路。

三一学院充满威严的样貌,终于完整地展现在牛顿的眼前。牛顿放下了皮箱,大大地喘了口气,然后加快脚步。他看到学院门前横穿过一条清澈的溪流,不禁赞叹地喊道:"太美了!"

水波如镜,映着庄严的校门。走上跨溪流两岸的小桥,牛顿又停步了。校门上的雕像在夕阳的映照下闪闪发光,他看得入迷了。

"啊!终于到了!"牛顿喃喃自语道。从今往后,格兰瑟姆和伍尔索普的一切,对牛顿来说都是很遥远的事了。

遇恩师开眼界

意识到即将进入崭新的生活,牛顿不由得紧张起来,一阵凉飕飕的感觉从他的脑海直达脚尖,因为不知道前方等待他的会是什么。

牛顿来到学院门口时,遇到了一位穿着红色长袍的绅士。

"你是艾萨克·牛顿先生吧,我是艾萨克·巴罗。"绅士在黑色方帽底下的脸上露出温和的微笑,大方地向牛顿伸出右手。牛顿吃了一惊,神色慌乱,好一会儿才握住绅士的手。

"是,是的。"牛顿结结巴巴地回答。他忽然想起这个人可能就是舅舅詹姆士牧师告诉过他的巴罗教授。

牛顿从上衣口袋拿出了史托克校长的介绍信。

"啊,我已经接到他的信,不然也不会知道你的姓名。"教授边打开信边说,他匆匆地看了看,随即放进

牛顿传

口袋。

教授试图缓解这个乡下青年的紧张情绪,随意地和他交谈起来。因为牛顿第一次见到真正的大学教授,心里的紧张感一点儿没有减少,反而越来越严重。

"到我房间去吧。"教授在走廊里大步走着,牛顿小心谨慎地跟着。等到心情稍稍平静的时候,他已经来到了教授的房间里。

"随便坐,不要太拘束。"

牛顿的动作显得很生硬。

"现在我要依照这里的惯例询问了。艾萨克·牛顿先生,你是自愿入学的吗?"

"是的。"

"好!那么准许你入学了。"

牛顿如释重负,终于放下了悬着的心。

英国除国教徒之外,还有所谓的异教徒,剑桥大学对于异教徒是拒不接纳的。

"牛顿先生,现在你已是剑桥大学的学生了。我是教授,我们就以学生和教授的身份来交谈一下吧。"牛顿不知谈什么好,感到很不自在。

"你到大学来的目的是什么呢?"

"想学有关力和运动方面的东西,也想研究数学……"有了具体的话题,牛顿能比较自然地和教授对答了。

"可能会有一点问题。学数学倒是没什么,但力和运动方面的知识却没人讲授。当然,你可以自己研究,但没人能指导。"牛顿听了并不惊异。因为以前不管是在私塾还是格兰瑟姆中学,从来都没有人教他他想学的东西。

"你知道伽利略的实验吗?"

"不,不知道。"别说是实验,就连这个人名牛顿也是初次听说。

"那么,我提一个问题吧,铅球有大有小,现在让它们同时从塔上落下来,请问哪个先落到地面?"牛顿默默地想了一会儿,然后有点怯怯地回答:"不实验一下不知道。"

"是吗?伽利略也这么想。可是亚里士多德认为是重的物体先到地面。你认为怎么样呢?"亚里士多德是古代希腊著名的哲学家、科学家,牛顿是知道的。

牛顿传

"我相信亚里士多德是正确的。"

"你真是这么认为的吗?"牛顿感到犹豫了。其实,他只是觉得认为伟大的亚里士多德是错误的,好像不太好。巴罗教授从牛顿的表情里看出了他的犹豫,突然改变了态度,以严肃的语气说:"你现在没有勇气说亚里士多德犯了错误。那么,你是不是认为不必探究真理,不必进行试验,只要遵从古代圣贤的结论就行了?"牛顿从未遇到过说这些话的人,他有点不知所措。

"伽利略将大小不同的铅球从比萨斜塔同时扔下,结果和亚里士多德所说的并不一样,两个球是同时到达地面。"

"亚里士多德也犯了错误吗?"牛顿急忙反问。

"古典学派的人不肯面对这一事实。但事实是无法做任何歪曲的。有人诘难伽利略使用了魔术,其实不管是谁来做这个实验,都是不同的两个球同时到达地面。如果魔术能成为真理的话,古典学派的人才真是一个笑话。"巴罗教授对着牛顿这个朴实又敢于思考的青年,不知不觉地失去了平时的自制力,把积压在心里的愤怒都倾泻了出来。

古典学派的学者们认为,哲学上的真理都已被亚里士多德和柏拉图掌握了,而神学上的真理都被《圣经》和奥古斯丁掌握了。所以,要学真理的话,只要读这些圣贤所写的书即可。古典学派与罗马教廷联结在一起,英国国教的信奉者和清教教徒却不一定是古典学派的。但是,中世纪以来的古典思想已深入人心,极难摆脱这道枷锁,使得教授深感气愤。

"牛顿同学,要多多努力啊!伽利略研究天体运行得出结论,说地球会运行转动。这在罗马教廷看来,是一种异端,因此伽利略被提上法庭进行宗教审判,差点送命。但在英国说出这个结论,相信一定会有许多人赞同的,请把这件事牢记在心。"牛顿对教授的说法深感钦佩。

"创立这个学院的亨利八世并没有说到这一点。可是,我认为本学院被赋予了打破罗马教廷古典思想的使命。"亨利八世是与罗马教廷断绝关系,创立英国国教的国王。校门上的雕像就是他。

在三一学院的宿舍安定下来以后,牛顿无法入

 牛顿传

睡,他想着不久前的经历。有生以来第一次搭长途马车、和巴罗教授的谈话,这些对他来说都是强烈的刺激!

牛顿闭着眼睛开始回忆起往事——与乔治打架、与斯托瑞谈论奇迹等,一幕幕清晰地浮现在他眼前,不一会儿又像烟雾般地消逝。他睁开眼,望着陈旧的天花板,不禁想起这房子有三百年历史了。三一学院的前身是1324年所建的迈克尔学院。

亨利八世创立的这个学院,就像是一座桥,可以从中世纪走到近世纪,从旧教踏入新教。但是里面的气氛却像中世纪的寺院一样严肃而沉闷,是与外界隔离的另一个世界。没有斯托瑞,没有伍尔索普,没有格兰瑟姆,牛顿思索着要怎样安排新生活。

从入学当天的晚饭起,牛顿就开始工作了。剑桥大学规定,工读生除上课之外,还必须在课余时间做一些杂事以维持生活,这些杂事主要是为有钱的学生配餐、送饭,然后才能获取免费的食物。除此之外,还要接受校方的派遣做其他的事情,以便获取零用钱。

"牛顿同学,请布置餐桌。"一个老工读生用粗哑

的声音边搅着大汤锅边对牛顿说。

"是。"身着硬邦邦的白色长袍,腰系围裙的牛顿恭敬地回答,然后从另一个工读生那里拿来堆得高高的盘子。

"餐厅在这边。"在汤锅冒起的热气中,刚才的工读生动了一下留着胡子的下巴示意侧门的那边就是餐厅。由于光线太暗,牛顿抱着盘子不敢进去。

"拿蜡烛去吧。"另一个工读生指着厨房石壁凹进去的地方,那里整齐地排列着十支已经插在烛台上的蜡烛。

牛顿把一大堆盘子放在厨房的桌子上,然后取来两支蜡烛,分别放在桌子的两端。这里每个人的一举一动都有条不紊,这种氛围深深地感染了他。牛顿又多点上几支蜡烛,昏暗的厨房顿时显得明亮多了。

牛顿两手各拿一支蜡烛,从侧门进入餐厅,餐厅里空荡荡的。影子随着烛光的移动在白色的墙壁上左右摇晃。天花板又高又暗,像是融入了天空,大厅中央有高高的台子。烛光下,一张张简陋的桌子和那些坐着会使屁股发痛的板凳清晰地映入牛顿的眼中。

牛顿传

这儿的一切都使牛顿回想起在私塾的时候,他不禁打了一个寒战。

在明亮的烛光下摆好白色的餐具后,餐厅看起来很不错。牛顿接着放置好老工读生交给他的一篮子纺锤形面包和一个大木勺。

"当……当……"吃饭的时间到了。脚步声越来越大,穿着白袍戴着帽子的学生们一个个进入餐厅。他们小心地移动椅子,轻轻地坐到自己的位子上。

"大家都到齐了吗?"最后进来的身着纽带红袍的巴罗教授在中央台上的餐桌坐下后问了一句。巴罗教授看到站着等待分配晚餐的新生牛顿,对他微笑地点了点头。

餐前祈祷开始了,餐厅里非常安静,大家都低下了头。"天上的父啊。对于惠赐我们的东西,祈盼我们能衷心感谢……"教授的祈祷词说完后,紧跟着的一阵"阿门"声震撼着大家的心灵。

开始用餐之后,餐厅依旧如教堂般肃穆。邻座之间的低声私语,牛顿不知道他们在谈些什么话题。不过从他们的神情上可以断定,他们不是在抱怨晚餐只有马铃薯汤、面包和水。

"哦,原来是在讨论几何上的问题,到底是大学生!"牛顿感到高兴。

吃完饭,教授离席之后,旁边的工读生告诉他:"穿红袍子的就是以发明在曲线上画切线的方法而著名的艾萨克·巴罗教授。"牛顿本来只知道艾萨克·巴罗是大学的教授,现在了解了巴罗教授竟有这么大的成就,对他就更为钦佩了。

"巴罗教授说等一会儿想见你。"老工读生接着说道。牛顿想起先前的事情,不禁兴奋起来。

三个工读生迅速把餐具收到厨房洗净,再安放到橱柜里面。牛顿满脑子都是与巴罗教授会面的事情,做什么都心不在焉。

"牛顿同学,做完事还来不来?"有一个年轻的声音传入厨房,牛顿吃惊地转过身去。

"来玩玩牌吧。"

"好的。"牛顿应了一声,不过马上又想起要去见巴罗教授,因此感到犹豫。

"去玩吧,老师反正要用功到三更半夜的。游布德

牛顿传

同学是个可以成为好朋友的人。"老工读生慢吞吞地说道。

牛顿从来没有玩过纸牌,但又不好意思说不会。他在格兰瑟姆被同学看成是怪人,可是在这里,大家好像全都很奇怪。如果在这里都不能和同学们相处好,那就会成为真正的怪人了。牛顿在阴暗的餐厅里开始学打牌。他并不觉得特别有趣,但是对于打牌的规则,倒认为有点儿意思。牛顿是最讨厌赌输赢的。但能通过打牌与其他同学亲近也是件好事。直到五支蜡烛点完了,他们一直在玩各种样式的牌。餐厅中充满着欢快的笑声,牛顿完全忘了身处在陌生的环境中。

新生牛顿在新认识的伙伴的带领下向巴罗教授的房间走去。

响亮的脚步声回荡在空旷的走廊上,在安静的晚上尤为明显,牛顿感到浑身凉飕飕的。走廊左右迂回弯曲的小路好像通往一个永远黑暗的世界。不知从哪里来的风,使他们手上的蜡烛的火苗摇曳不定。身后的影子似巨人一般跟随着他们。

"在那边。"带路的同学的声音显得非常大。牛顿吓了一跳,默默地看向对方手指的方向,见到光从前方延伸过来,他点点头。两人站在教授房前,粗糙的房门缝隙中透出几缕光线。带路的同学轻轻地叩门。

"请进。"传来的明朗声音使牛顿感到很亲切。热心带路的同学从原路回去了。推开房门,只见巴罗教授满脸笑容地迎接他,粗制的书桌上放着书本,旁边有白色的假发。牛顿一时间还没发觉这竟是下午来过的房间。

"惊奇的事情很多吧?"看着拘束的牛顿,教授轻松地和他交谈起来。

"是的。"牛顿的脑海里出现了石砌走廊、蜡烛、餐厅等,他在心中衡量,到底哪一个最令他惊异。

"本学院经费窘迫,一切都得忍耐!"牛顿已习惯了贫穷。不过,大学可能有特殊困难也说不定。牛顿暗想,他没有回答。

"本学院是靠会员的会费维持的。由于动乱,失去了许多大力支持的会员,去年复归王政,情况才稍有好转。不过,要恢复往昔盛况,恐怕得花几十年工夫

 牛顿传

呢！"巴罗教授好像忘记了下午的谈话,他现在似乎感慨良多。牛顿从他的语气中知道了教授也是王党派,突然感到很亲切。

"老师,我的父亲也是王党派。"牛顿勇敢地表达自己的立场。

"啊,真的？那实在令人愉快！"高大魁梧的巴罗教授倏地站了起来,向牛顿伸出了右手。牛顿跟着站起来,他俩的手紧紧地互相握住。

"老师,我是生于革命开始的那一年年底。当时年纪太小,所以没什么记忆,只记得被铁骑兵吓唬过一次。"

"嗯,那么你是生于1642年了。正是伽利略去世的那一年,怎么这么巧！"巴罗教授以拳头用力敲桌子,假发跳起来,差一点碰到蜡烛上。牛顿的紧张情绪像冰融成水一样解开了。

"老师,我觉得学欧几里得几何好像是多余的事情……"话题飞跃到意外的方向。教授用锐利的目光注视着牛顿。

"你指的是什么事情？"巴罗教授很谦逊。

"例如,正三角形中,三个角相等是一件很明确的事情。可是欧几里得却努力想证明,我觉得犹如呆子似的……"

正三角形就是三边等长的三角形。三角形的内角总和是一百八十度,而每个角即为其三分之一的六十度。但欧几里得不允许那样的计算,他要求的证明方法是,把正三角形设为两个三角形,然后证明这两个是能完全重合的三角形。

"证明不能马虎。严密地思考事物才是证明。几何学就是便于熟习这种证明。被人认为是明明白白的事情,往往是证明马虎的结果。"

认为正三角形的三角相等已很明白而不需证明的这件事,被教授说成是对证明的马虎。牛顿好像被泼了一盆冷水。

牛顿沉默了。周围静得可以听到烛芯燃烧的微小声音,好像地球上只有他们两个人存在。

"牛顿同学,欧几里得是不是呆子,你自己去弄明白好了。我想,那是你自己的问题。"

"知道了。"

牛顿传

  牛顿很感激巴罗教授的建议。在私塾和中学里，老师和学生有明显的区别。但在这里却没有这种感觉，到底是大学教授，说出的话十分明理，又尊重学生，这使牛顿感叹不已。如今他能得到巴罗教授的教导，是非常幸运的。

  "两个平行四边形全等的条件，如你所知，是相邻的两边和其夹角相等。平行四边形有四边和四角，一共有八个要素。而只要三个要素相等即是全等。这件事你是怎么看的，牛顿同学？"巴罗教授快速点燃了新蜡烛，然后注视着专注听他说话的年轻脸庞。

  "这与对角线组成的三角形的全等条件相同，平行四边形的全等与三角形全等的条件一样，这不是很有趣吗？对不对？欧几里得几何有它令人感兴趣的地方。你应该少注重感到呆笨的方面，而是注重令人感兴趣的方面，这才是正确的态度。"巴罗教授的话深深地打动了牛顿的心。

  "老师，真谢谢您！"牛顿真诚地表达着感谢。

  "我送你回去吧。"巴罗教授拿着蜡烛走在前面，走廊里一片漆黑。牛顿兴奋地大步跟在教授后面走。

进入自己的小房间时,牛顿借着巴罗教授的烛火点了蜡烛,然后郑重地道谢。

牛顿听着老师渐渐消失的脚步声。不安的寂静包围了牛顿,他全无睡意。每次一坐下,他就心生恐惧,更不要说躺在床上了。于是牛顿从放在石壁凹处的一排书中,取出笛卡尔的几何学,放在粗糙且伤痕累累的书桌上。

欧几里得的几何学是图形的证明学,笛卡尔的几何学是方程式的证明学。对直线和圆的问题,牛顿认为用图形不如用方程式来解决。换句话说,他更喜欢笛卡尔。但刚才巴罗教授改变了他的这种观念。

牛顿认真地重读了笛卡尔的书,竟连续发现了许多不合理的地方。牛顿用铅笔重重地写下"不是几何学"或"错误"等字眼来表明自己的见解。

原则上凡是新生都要由指导员指派给某个教授。牛顿被安排接受本杰明教授的古典文学、希腊语、哲学和数学四科的教学。牛顿不仅感到吃不消,还觉得这种课很无聊。

"去申请听巴罗教授的课吧。"牛顿终于可以上巴

 牛顿传

罗教授的课了。大学的讲堂好像深不可测的深渊。粗糙的木椅看起来非常有分量,坐在席位上的学生很像古代希腊的贤人,毫无格兰瑟姆中学虚耗精神的空虚感,令人觉得好像用尽人类的脑力也无法想象到的真理全部潜藏在这一深渊之中。牛顿觉得自己是为了求取那种真理,才到遥远的剑桥来的。

铺了石板的走廊上响起了脚步声,出现在门口的巴罗教授对牛顿来说,不知不觉间已变成了比谁都亲近的人。

"同学们,光到底是什么?"教授突然提出这一个奇怪的问题,然后看向学生。这是几何学的课,教授一上来就讲光的问题,使牛顿感到新奇,于是他全神贯注地听着。

"同学们,有的学者认为那是物质,有的学者认为那是物质的性质,或者是运动状态,彼此正在互相争论中。"为了使学生有思考的时间,教授的讲解暂时停顿。牛顿因为从未想过这样的问题,所以情绪特别高涨。忽然,他听到羽毛笔尖在纸上传出的沙沙声,同学们开始记笔记了。

对于入学那天晚上向教授提出欧几里得几何一事,牛顿感到羞愧。几何学是一门更为广大的学问啊!

"光这种东西,在空气或玻璃等介质中,是连续地传导过去呢,还是每逢冲击,自己就倍增扩散的粒子般的东西呢?这还在争论中。伟大的亚里士多德完全没有提过这一问题。总而言之,无论我们选择哪一种说法,古典学派的学者都不会有异议的。"同学们都在奋笔疾书。

"同学们!这是真正有趣的问题。但我并不想探究,因为我并没有那个能力。"学生们放下了羽毛笔,讲堂里顿时一片肃静。

"同学们!"教授特别提高了声音,"任何聪明的人都还不知道,光如何使自己倍增,光的本质是什么,光怎样发挥其力量。"牛顿全身紧绷起来,他觉得自己好像要被光俘虏了。不仅是巴罗教授,对于光,谁都没有太多的认识。

"同学们也许希望我表达一些意见。所以,我也不得不谈一谈了。"学生们在光线微暗的讲堂里倾心静

 牛顿传

艾萨克·巴罗画像

听。巴罗教授说：

　　关于光的本质，让我讲一讲我自己的意见。刚才所说的两个假说，一说是光本身就是物质，一说是光是物质的性质或运动状态。我想把这两个假说都认定是正确的。

　　光以直线行进所形成的种种图形，已能用几何学的方法来处理了。可是，关于光的本质就不行了。该取两个假说中的哪一个，用几何学方法来证明，是无法明白确定的。光学正濒临困难与痛苦的抉择中。

　　同学们！我个人认为，物质流动时或连续冲击时都会产生光。光虽然表现为各种各样的性质，我认为该解释为产生原因有多种才正确。

巴罗教授为什么要承认两个假说呢？因为教授讨厌假说。既然讨厌，就产生了哪一个都没关系的态度，这就是使他发表这种说法的原因。这位教授的思想不知不觉地影响了牛顿。

"同学们！依照习惯，接着光的本质论，应该讨论

 牛顿传

的是色彩论,讨论种种颜色是怎样产生的问题。"巴罗教授对于光的本质也好,色彩也好,并没有自信是在谈真理。这在他讲课的过程中,不断地表现出来:

> 同学们!红色是光的浓缩状态的表现,青色是光的稀薄状态的表现,由于光的浓缩程度而形成种种颜色。光被浓缩是怎么一回事呢?当然,这是不能和光的本质分开讨论的。然而,光的本质还不知道。想想看,没有比这个更无理的了。亚里士多德的看法是由于明暗比例的不同形成了种种颜色。

色彩论的讲义,对于牛顿来说就好像是鸭子听雷——听不懂。越想专心记住教授的每一句话,越是容易分心,牛顿陷入了深深的迷惑中,这是他从未有过的经验。教授提出来的重要问题已经铭刻于心了,但他所说的细节却犹如云雾。

课结束了,牛顿茫然地呆坐在座位上。忽然心底好像有某种想法汹涌地冒了上来。牛顿赶紧站起来去追教授。听到脚步声,巴罗教授回过头来,牛顿犹豫

了,但没法走回去,只好硬着头皮叫了一声:"老师!"教授默默不语,以温和的眼神询问着这位新生。

"老师!"

"什么事?"

牛顿被教授一问,顿感语塞,因为他并没有想好要说什么,全身的血液不断地向上冲。看着满脸窘意的牛顿,教授温和地说:"怎么样,到我房里来吧……"

牛顿红着脸,跟在后面走了五六步,终于开口说:"老师,您认为刚才所说的色彩论是正确的吗?"

"什么意思?你们知道有关色彩的种种解释当然很好。我刚才所说的那个色彩论不是真理,而是一种假说,假说和真理是没有关系的。"教授停步,笑着说明。走廊窗口射进来的光照在他宽阔的肩膀上,显出一个学者的风度。

"老师,假说该被放弃吗?"为了真理忘记了羞赧的牛顿接着问道。

"哦,你自己想想看吧。"教授的回答让这个青年发觉自己的问题没有任何意义,他顿时感到羞愧难当,忘了对老师道谢,转过身从原路匆匆回去了。巴罗

 牛顿传

教授觉察到了牛顿非比寻常的才华,满脸笑容地走进自己房间去了。

教授对于学生,应该告诉他们陈旧的理论,由他们反驳而产生新的东西,让新的推翻旧的,才是大学的本色。这是巴罗教授向来的看法。

爱钻研的剑桥新生

大学是一个王国。

牛顿走进王国之门的那一年,克伦威尔的遗体被从威斯敏斯特大教堂里拖了出来。那位流亡在法国过着悠闲生活的查理二世返国复位。革命风暴已经平息,社会秩序日趋安定。其实,学术界并没有受到什么影响,尤其是牛顿的世界,好像是王国中的城堡,紧闭着城门,风平浪静。当牛顿听到克伦威尔的遗体被曝尸示众这件事后,他心中认为这是神的旨意,所以情绪上没有受到丝毫影响。中世纪被称为黑暗时代,在尚未脱离这种混沌的学院气氛中,牛顿一心寻找着自己的道路。虽不明确,但确实在一步步地走着。

听讲,然后加以思考,到图书室借书出来阅读,然后再加以思考,牛顿的生活就是这样反复循环着。当然,还得尽工读生的义务。他的工作从餐厅转为替别的同学服务,如清理、打扫、洗涤衣物等。这些都是工

牛顿传

读生的工作范围,他并不引以为耻。这时候,牛顿被分配到和一位名叫威金斯的同学住在一起。

"牛顿是个怪人,想托他办点事,他大多不加理睬,而且房间经常布满灰尘,还有一大堆脏衣服。"也难怪威金斯抱怨,牛顿并不是偷懒,只不过专心用功忘记了其他的一切而已。幸而威金斯是个不拘小节的人,并不像嘴里说的那样把这些事放在心上。

"牛顿同学,难得啊,要出去吗?"有一天,牛顿准备外出的时候,被骑马回来的威金斯撞见了。

"嗯。"牛顿随口回答道,然后从口袋里拿出一样东西给他看。

"发薪水了。好,一起去吧。"穿着制服的两个大学生一起愉快地走过门前的小桥。当然,这与自以为是去喝酒的威金斯的愉悦情绪颇有关系。

"喂,牛顿同学。你经常埋头用功,不怎么出门,不过,在小酒馆里我随时可以请客,请不要客气。"威金斯用拳头轻碰一下牛顿的肩膀。

"小酒馆?"

"什么?你不知道小酒馆啊?就在驿站那里。"

"嗯,知道了。可是,我不会喝酒啊。"牛顿老老实实地说。

"没关系,去了就会了。"威金斯一副不用担心的神态。

"牛顿同学,你那么用功真叫人佩服!我外出前请你替我擦鞋子,你都没回答啊!"威金斯把满是泥巴的外出用鞋放到牛顿跟前。

"对不起!你跟我讲过吗?"

"讲了啊。可是你正在专心看书。"

"真对不起!"牛顿心里又开始回想刚读的内容,定定地出神。

"在想什么?"威金斯问道。

"啊!"牛顿愣愣地不知该如何回答。

"你在想什么?"

"在想哥白尼的事。"哥白尼对于威金斯来说,就像小酒馆对于牛顿一样陌生。

"哥白尼是什么?"

"是波兰的天文学家,他曾经写了一本《天体运行论》的书,我正在看那本书。"

 牛顿传

"天体一定是绕着地球周围在运转,你又何必再去看什么书呢?"牛顿没有回答,抬头仰望秋天澄清的高空,耳边是小鸟的鸣叫声,他想起了家乡的母亲。

"喂。"牛顿的肩膀被拍了一下,使他恢复了清醒。

"继续讲哥白尼吧!没有谁教过我天文学啊。"

"好吧,哥白尼说天体并不是绕着地球运转。"牛顿干脆地说。

"简直是乱来!《圣经》上明白地记载,地球是宇宙的中心,他根据什么那样说呢?"

"威金斯同学,例如行星有时会后退,天体在运动过程中怎么会后退呢,那不奇怪吗?"牛顿每晚都观察金星或火星的位置,发现它们会逐渐移动,它们移动的样子犹如迷了路的孩子。牛顿的说明好像没有使同伴明白。

"据哥白尼说,地球也是行星之一。而所有行星都绕着太阳的周围进行同样的运转,既不倒退也不停止。"

"他看见了那种现象吗?简直是在开玩笑!"威金斯争辩道。

两人不知不觉间,已经到了停马车的广场。威金斯望着小酒馆的招牌,咽了一口口水。

一年一度的大市集正在热闹地举行,牛顿的目的地正是那里,两人聊着无关紧要的话到了市集。这里让牛顿想起了少年时的光景。

"是这里!"牛顿在客人不多的一个店前说道。橱窗里展列着望远镜、透镜等稀罕的东西,牛顿又发现了两个棱镜。威金斯手中提着刚买的威士忌,斜睨着牛顿。只见牛顿手拿三角玻璃柱对着日光,看得又高兴又入迷,过了好久,他还动都不动。

"牛顿同学,差不多了吧。"牛顿忘记了威金斯在等着。

"失礼!失礼!"牛顿付了钱,马上走到卖蜡烛的店,买了十三支特别粗的蜡烛。

"牛顿同学,今天是星期五啊,怎么可以买十三支?那多不吉利!"本来想买十三支蜡烛的牛顿只好买下十二支。不过牛顿一点也不迷信,只是尊重威金斯的意见罢了。

归途中,威金斯一路喝着威士忌。"牛顿同学,你

 牛顿传

好像很喜欢研究等比级数一类的问题,那样的东西有趣吗?"威金斯酒一下肚,话就多了起来。所谓等比级数是1,2,4,8……这类的数列。在这种级数中,每一个是前一个的倍数,因此成一定比例的一串连续数字叫作等比级数。这是两人在上课时学到的。

"等比级数并不怎么有趣,我探究的是别的东西。"

"不是老师教的吗?"威金斯把酒瓶对着嘴巴,瞪大了眼睛。

"嗯,不是。虽以一定法则无限地连续,但它的和却不是无限大的级数。"不喜欢喝酒的牛顿,故意想使威金斯昏头昏脑。

"为什么要做这样的事情呢?真是多此一举!"威金斯果真被弄迷糊了。

"想计算一下被曲线包围成的图形的面积大小。"牛顿一边摸索着口袋中的棱镜,一边回答。他忽然想到如果两个棱镜相碰就不妙了,他马上把其中一个放到左边的口袋里。

"不明白!"威金斯用酒瓶轻敲脑袋来嘲弄自己。

以曲线围成的图形,无论是怎样的奇形怪状,都可以用无数的平行线分割成为一群群细细的长方形。计算长方形的面积并不困难,将如此做成的无限多的长方形的面积加起来,曲线围成的图形的面积就可以算出来了。

如果将当时的一般数学视为中学程度的话,牛顿的这个求积法就是大学程度了。不要说是威金斯,换了别人也不会理解的。

"我总觉得有点莫名其妙,好,加油吧,来,喝一口。"威金斯递出酒瓶,牛顿为了应付,勉强喝了一口。

"什么?只喝那么一点?来,你拿着这个。"脸红红的威金斯从口袋里抓钱出来数。

"这是蜡烛钱,我从来没买过一支,都是借你的光。没有你的蜡烛,我就得摸黑钻入棉被了。哈哈哈……想做牧师的那些家伙不是虚荣好面子,就是假装有一肚子学问,真令人作呕!你真是太好了!"威金斯硬把钱塞在牛顿的手中,搂着他的肩膀。

这四年多来,牛顿心如止水,全部精神都贯注于学问的钻研。他在这座城堡里开辟、扩展了一个数学

 牛顿传

的花园，创造出无限级数、二项式定理、求积法等。他的这座数学花园很像传说中巴比伦的通天塔附近的"空中花园"。不要说是指导员，就连巴罗教授也无法窥视其中的奥秘。

三棱镜实验

1665年,可怕的鼠疫在英国大肆传播。鼠疫是一种令人深感恐惧的传染病,这种病一旦传播起来,便非常迅速。它是通过老鼠身上的跳蚤传播病菌的,人一旦传染上这种病菌就很难存活。人被传染后身上会出现许多黑斑,所以又称"黑死病"。这种传染病的可怕之处是一旦流行起来便难以控制,死者成千上万。

当时,英国首都伦敦是个被称为"垃圾堆"的不洁都市,这种地方性的疾病就是从伦敦流行起来的。

"牛顿同学,事情不好了!"八月一个酷热的日子,同室的威金斯一从伦敦回来,就摇着专心读书的牛顿的肩膀喊叫。牛顿缓缓抬起头来,愣愣地看着惊慌的室友。

"伦敦正因鼠疫陷入大混乱!"威金斯再度强调了一遍。

牛顿传

"这是伦敦的事情啊。"牛顿又把视线落在书本上。伦敦距剑桥大学的路程并不是很远,但牛顿似乎没觉出这与他有丝毫的关系。

"牛顿同学,据说是去年开始流行的。"牛顿仍专注于书本。

"伦敦是拥有四十多万人口的大都市,但现在的街道上静悄悄的不见人影,大家都躲在家里不敢外出。上周就死了七千多人。听说有一家十二人全部死亡,乌鸦群盘绕在房顶的上空。"因为是亲眼所见,威金斯越说越激动。牛顿不得不抬起头来,脑中同时想着色彩论和鼠疫两件事。

"看到剑桥居民用马车装载行李,准备疏散到乡下的慌乱情形,相信你也会吓一跳的。"

"什么?"牛顿脑中的色彩论消失了。

"你认为这次的鼠疫事件会怎样?牛顿同学。"

"当然很麻烦!"

当时,传染病的病源还是一个谜,有效的药物还没有被发现。所以,唯一能做的就只有逃离疫区,没有更好的办法了。人们盛行用金凤花的根或番红花和以白葡萄酒煎煮服用的方法来治疗,但这种方法根本无效。只要被传染上鼠疫就等于被宣告死刑。恐怖的"黑死病"风暴横扫伦敦之后,已经蔓延到剑桥来了,学校不得不停课休假。

牛顿回到了伍尔索普老家。母亲汉娜和弟弟妹妹们热情地迎接了他。黑色方帽和白袍使个子不高的牛顿显得高大了许多,那种学者似的风范使他的弟弟妹妹们感到他们迎接的是一位伟大的人,而不是自己的哥哥。最小的妹妹收到了节俭的牛顿唯一的礼物——橙子,她欢呼起来,因为她从未见过这种水果。

对牛顿而言,从事研究的工作在大学或是在家里都一样。回到自己的房间,他立刻打开包袱,取出有关天体光学研究的所有工具,锤子、烧瓶、磁铁、磁针、心轴、雕刻刀、棱镜、凸透镜、凹透镜、平面镜、球面镜、方解石、望远镜、显微镜等。接着,他又拿出一摞书,有哥白尼的《天体运行论》、开普勒的《光学》、笛卡尔的《几何学》等,满满地堆在桌子上。这些是牛顿花费了几乎所有的薪水购买的物品。

牛顿后来说:"1665年和1666年两年鼠疫期间,

牛顿传

我正处于发明创造的鼎盛时期,比以后任何时候更潜心于数学和哲学。"牛顿一生的三大贡献——微积分、万有引力、光学,都是在这一时期孕育出来的,可以说他是科学史上罕见的天才。

　　牛顿开始进行"光的分解"的实验了。他先把房间里的光都遮掩起来使房间变暗,并在窗板上开了一个小孔,让适度的阳光进入,然后把棱镜置于光的入口处,使光由此折射到对面的墙上。通过实验,牛顿首先发现了墙上呈现出一条非常美丽的彩色光带,这条彩色光带有秩序地排列成红、橙、黄、绿、青、蓝、紫七种颜色,不管怎样变换三棱镜或转动三棱镜,这种次序都不发生变化。接着牛顿又做了许多实验。

　　为了深入探究,牛顿做了更为精细的考察,以研究来自太阳不同部分的光线,看其不同的入射方向会产生什么样的影响。

　　他测量了经过棱镜后光的成像和棱镜的角度、长度、宽度、距离以及入射角度和折射角度,并根据当时公认的折射定律进行计算。

　　折射定律是1621年由荷兰数学家斯涅耳发现的。

牛顿经过反复试验,反复思考,终于有了重大发现:"光是由折射率不同的光线组成,这些光线无论其入射方向有何不同,都是按照它们折射率的大小被传送到墙的不同部位上去的。"

牛顿得到这个重要发现后,立即领悟到了望远镜的完善程度迄今受到限制的原因,主要不是由于缺乏那种其形状像光学专家们所规定的透镜,而是因为光本身是一种"折射率不同的光线的混合物"。所以,即使有一个透镜的形状完全符合要求,能把任一光线汇集到一点,也不能把那些以相同的入射方向射到同一种媒质而受到不同折射的光线汇集到同一点上。牛顿找到了望远镜"色差"的原因,并在两年后制作出了一架新望远镜。

 牛顿传

苹果砸出万有引力定律

第二年夏天,牛顿坐在庭院的苹果树荫下乘凉。

山丘上吹来的微风,拂弄着牛顿的金发。他惬意地坐着,眺望从小就看熟了的景色。

"啪!"在他眼前落下了一个苹果。

"真直啊!"对于这种理所当然的事情,竟然会产生这种念头,牛顿也觉得奇怪。其实是他对于自由落体运动有了新的观点。

"苹果是向地球中心坠落的。"从几何学的角度来看,把苹果和地心连成直线是合理的。但从物理学的角度却是说不通的。

"为什么苹果会朝地心方向坠落?"这是个难题。从问题的性质来说,是可以用证明解决的。用单纯的三段论法可以这么说:

一、某物体为他物体所吸引,则朝该方向

运动。

二、苹果朝地心方向运动。

三、所以,地心吸引苹果。

这就是牛顿的证明结论。但地心只是一个点而已,点能吸引苹果坠落很奇怪,所以牛顿就想到一切物质都存有引力。以地球来说,他认为地球各部分的引力集中于地心。牛顿又推论,如果说地球吸引苹果的话,那么苹果也在吸引地球。他把苹果和地球同等地视为物质。如此推想到的结论是,物质吸引物质的力弥漫在整个宇宙。这就是他发现万有引力的思想萌芽。

牛顿心里正在建立一个不变的原则。物理学上的真理非用数学的词语表示不可。不做到这一点,牛顿是不满足的。

"这个苹果在月球上的话,也会直落下来吗?"万里晴空中,一轮明亮的月悬挂在天际。牛顿想月球上的苹果,不会直落于地球表面,而一定是直落于月球表面。牛顿又想,月球上的苹果直落于地球的话,月球

牛顿传

也一定会落到地球上来。

但是,月球为什么不落到地球上来呢?月球和苹果都是物质,一个落下,另一个却不落下,那就不公平了。神不会不公平的。他碰到这一难题,想来想去直想得头痛。月亮似乎也在天上看着这个烦恼的青年。这段时间,萦绕在这个大学生头脑里的都是月球和重力的关系问题。

一个满月的夜晚,牛顿兴奋地拍了一下大腿,他想通了。起初,牛顿一直在想苹果要拿到多高才不会落到地面,又觉得把苹果拿到像月球那样高的地方才不会落下的想法是可疑的。

玉盘一般的月亮,不觉间向南移转。可是月亮的大小与初升上东方天空时一模一样。正是因为月球在转,所以大小才会一样。如果月球不绕着地球转,月球就会离开地球,飞向宇宙的另一边,那么月球就会越来越小。月球不落到地面上来,不是因为在高的地方,而是因为在绕着地球旋转。即使是苹果,也不必拿到月球那么高的地方,只要能让它绕着地球旋转,就不会落到地面上来了。

表面上，物体的落下有两种。苹果离开树木后的运动是落下，这种落下是掉到地上，月球的运动也是落下，在这种情况的落下中，月球不落在地面上，而是与地球保持一定的距离，绕着地球旋转。但是，月球仍是在落，如果月球不是在落，应该会停止圆周运动，渐渐远离地球而去。

那么地球吸引月球和吸引苹果的力有多大的不同呢？天体的引力与距离有什么样的关系呢？在这个不断想象的大脑中，从苹果向月球，再从月球向一般天体，做了三级跳。这绝不是盲目的想象，而是受到了开普勒的引导。关于行星的运动，开普勒发现了三条有名的定律，其中之一是："行星公转周期的平方，与该行星和太阳间距离的立方成正比。"以地球和水星为例。与太阳的平均距离，地球是水星的2.6倍，其立方约为17。地球的公转周期是水星的4.1倍，其平方约为17。只要这两个数字同为17，开普勒定律就成立了。

那么天体引力的大小，到底与距离有怎样的关系呢？

 牛顿传

出现在计算公式中的符号是牛顿自己发明的。公式就是牛顿在前年秋天发明的微积分的新算法。

行星在轨道上运动时,稍微前进,方向就变化,是因为曲线运动的关系。微积分是可以计算这种流动的量的数学。牛顿把自己独特的数学应用到开普勒定律中,结果证明太阳引力和太阳到行星的距离的平方成反比,则行星的运动即合乎开普勒定律。

那么月球是以多大的速度落向地球呢?

牛顿能轻而易举地计算出月球一分钟之内落下的距离。月球围绕地球运动一周的时间——公转周期是已经知道的,月球和地球的距离也已知道,因此计算起来非常容易。但令他没想到的是,计算结果竟然不对。

事实上,牛顿计算出的数据之差,是由于观测地球大小数值的不正确所致,不过搞清楚这一点是很久以后的事了。

发明反射式望远镜

鼠疫的传播终于被抑制住了,经过一年半惶恐不安的日子,剑桥大学恢复了正常的教学。1667年3月25日,牛顿回到了三一学院自己的房间里。他最先见到的是室友威金斯。

"鼠疫休假挺有趣的。"威金斯得意、滔滔不绝地说些牛顿不感兴趣的话。牛顿随声附和着,他不愿让室友觉得自己不好相处而伤感情。况且威金斯把想讲的话一下子全说出来,就感到满足了。

也许是从小在乡下长大的关系,牛顿一进入这座圆屋顶的哥特式建筑物内,在家乡时的那颗能够自由飞翔的心突然间失去了活力。那个推导出微积分、发现光分解原理、发现万有引力的杰出头脑不知隐藏到哪里去了,智慧之泉仿佛已经枯竭!同年秋天,牛顿被推荐为特别校友,他可领年薪两百镑,从此脱离了工读生的苦境,不用为费用担心了。不过牛顿得担任

 牛顿传

指导员并负责教授两名学生,房间也搬到了正门上面的三楼。

牛顿对教书没有兴趣,所以讲课时没有什么激情,学生也不喜欢他讲的内容,可是牛顿并没有注意到这一点。牛顿几乎很少到学院外面去,偶尔外出也是为了买书籍、器材、药品等。

"你又要做什么呢?"一天,威金斯看见牛顿又在房间里忙着搜寻放在各处的奇怪东西,于是问道。房间里钻子、锤子、圆规、磁铁、棱镜等堆得到处都是。

"做望远镜啊。"牛顿干脆地回答,威金斯很疑惑地看着那堆材料。

"望远镜?"威金斯脑中的望远镜是前端有凸透镜,接眼的一端有凹透镜的伽利略式的,但他现在却看不到要用于望远镜的大片透镜,心想:"一定是奇怪的望远镜!"

"是反射式的。"牛顿接着说。

"嗯。"

威金斯不知牛顿的葫芦里卖的什么药。

牛顿用木板做了一个四方形的浅底箱,装上了

沙,就使得沙表面凹或凸起来了。

"喂,你这是在干什么呢?"

"铸型。"牛顿慢吞吞地回答。接着,他在木板上画了纵横的平行线,然后看着记在纸片上的数值,在方格上取点。

"是抛物线吧,牛顿先生。"

"嗯。"

"让我帮忙好吗?"威金斯把板上取的各点用铅笔连接起来,画出了缓平的曲线。牛顿用雕花锯顺着曲线锯开,做成了抛物线的定规。再把抛物线定规放在沙面旋转,做出了整齐的凹面,也就是抛物面的铸型。

"想必是用这个来铸成玻璃透镜吧。"威金斯自以为猜对了,挺着胸膛说道。

"不,是铸铜做反射镜……"威金斯听后哑口无言了。牛顿用焦炭燃起放在房间角落的炉子,然后把铜放进大坩埚内,加入了一点其他材料。待铜熔化后,牛顿把熔成赤红色液体的铜倒入沙模型里面,凝固后形成了馒头形的厚铜片,等它彻底冷却后,从沙模上剥起来。这是用来研磨反射镜的工具。用雕花锯锯下

牛顿传

抛物线定规时,分离的木板也成为定规,牛顿就用来铸成类似于凹透镜的厚铜片。把两片厚铜片紧紧地密合在一起。接着把先做成的铜片放在桌子上,在凸面涂上熔解的焦油;再把后做成的铜片用水弄湿与焦油摩擦。这是为了做成同样厚薄的胶黑物质层。牛顿把白涂料(用贝壳烧制而成的柔细白粉)撒在先做成的铜片凸面(上涂焦油)上,然后把后做成的铜片重叠到上面,用两手压住用力摩擦。

牛顿全神贯注地做着这些,都忘记了室友的存在。摩擦声越来越小,终于接近没有了,这是因为白涂料汇入了焦油中的原因。牛顿随意抹去脸上的汗水,又拿起桌子上的铜片,看到凹面被磨得亮光光的,满意地笑了。他再次把白涂料撒在焦油上用力地摩擦。如此重复了许多次,终于做成了一点瑕疵也没有的光亮的铜凹面镜。这种做工精细的铜凹面镜,即便是当时一流的工匠也做不出来。牛顿工作中的那种忘我精神确实是值得敬佩的,他常常工作到深夜两三点,有时甚至通宵不睡,忘记吃饭也是常有的事。

只要反射镜做好,其他的工作就没什么困难了。

圆筒、支持台等要装的零件虽多,但对牛顿来说是很简单的。将反射镜装置在圆筒底部,再把小的平面镜以四十五度的倾斜度装置在圆筒内,用来接收反射镜的反射光线,并经圆筒侧面的洞传向外面,用透镜来看物体。这就是牛顿发明的反射式望远镜的基本构造。

1668年,牛顿制作出了第一架反射式望远镜,这架望远镜虽小,却能放大物像四十倍。当他第一个晚上用这架望远镜看向星空时,清晰地看到了木星和它的四个卫星,还找到了金星的位置,这令他激动不已。

 牛顿传

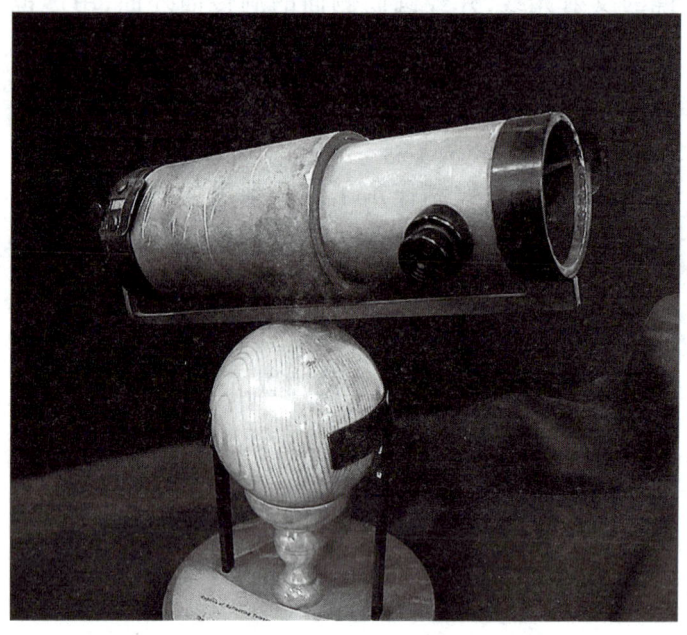

牛顿 1672 年使用的 6 英寸反射望远镜复制品，为皇家学会所拥有

第四章
伟大的科学巨人

接替巴罗教授

"牛顿同学,我想请你接替我的职位。"一天,巴罗教授向他说道。牛顿听巴罗教授这么说的时候,很是吃惊。

"是卢卡斯讲座吗?"

"当然是的,我在几年前就开始注意你了,觉得你非常合适。"巴罗教授高兴地笑着说。

"那么老师呢?"

"我要到伦敦去,在皇家教堂担任司教。"巴罗教授是从事圣职的。如果牛顿担任卢卡斯讲座教授的话,就得在讲堂上讲课,这一职位比指导员的地位高得多。牛顿决定去为更多的学生讲授光学,这是过去他一直从未对人说过、苦心研究的秘密成果,将会在讲堂上正式发表。

牛顿所说的光学与以前教授所教的光学不同,他是以自己的实验为基础的。所以作为卢卡斯讲座

 牛顿传

的第二任教授,牛顿的讲解就以实验的图解及其说明为主。

"牛顿教授的课程真没意思!"在三一学院中,许多学生都在批评他。其实并不是因为课程内容不好,而是因为牛顿所说的内容太难了。听课的学生很少,有时甚至连一个也没有。这位青年科学家在光学上的成就,在剑桥大学内竟然推展不开。

皇家学会成员

通常情况下,发明者成功后会立刻告知全社会,但牛顿不是这样的发明家。反射式望远镜是一项伟大的发明,一定会轰动学术界,成为当时社会上最热门的话题,但当时并没有多少人知道。

牛顿把反射式望远镜呈献给国王查理二世,得到了赞扬并为自己带来了荣誉。1672年1月,皇家学会开会讨论是否同意牛顿成为学会会员。

"艾萨克·牛顿是怎样的人?"问起这句话的人是伦敦大学教授胡克。

"他是由巴罗教授推荐成为卢卡斯讲座教授的,应该不是平凡之辈吧。"回答的是建筑家克里斯托弗·雷恩。

"也许是看了我的书才开始学光学的。"有些自负且固执的胡克摇着膝盖说。他的著作《显微术》中,关于光学,尤其是显微镜有详细的叙述。

 牛顿传

"各位,这个望远镜利用了反射镜,它与伽利略望远镜不同的是,不会有光分解;还有反射面不是球面而是抛物面,因此不会有球面的像分解问题。"胡克接着用慎重的语气说道。

"雷恩先生,这位制作者是谁?相当了不起!"

"巴罗教授说是牛顿教授制造的。"

"真令人难以置信!如果是真的,这个人也就怪了。把宝贵的时间浪费在工匠的工作上,实在愚笨!"胡克一向讨厌那种需要耐性的工作,想起制作自己发明的雨量计时曾经颇费周章的事,他仍怒气冲冲。

这次会议的结果,是欢迎牛顿进入皇家学会成为会员。但没有人知道,牛顿除了发明反射式望远镜以外还有其他的成就。

一向对自己的成就不善夸耀的牛顿也为被选为皇家学会的成员感到兴奋不已。1672年1月18日,牛顿给学会秘书亨利·奥尔登伯格写了一封信,提出准备把制作反射式望远镜的原理献给皇家学会。

1672年2月6日,牛顿把题为《关于光和色的新理论》的论文寄给皇家学会,2月19日这篇文章被发

表在会刊《哲学会刊》第80期上。这是牛顿正式发表的第一篇论文。

《关于光和色的新理论》令所有的光学教授都惊诧不已。这就难怪接收论文的皇家学会委员华德、波义耳和胡克不肯立刻承认这个新理论。对于这篇论文，胡克写了一份意见书，攻击了"由实验导出的假说是正确的"这种想法。他认为牛顿的实验结果都可以用他自己的波动说来说明，又说色不是光的本质，白色光在棱镜中分解为七色，是因为光的波动在玻璃中引起了振动的关系。

胡克主张的波动说与牛顿的新理论产生了正面冲突。牛顿所使用的证明方法比当时其他人都先进太多了，所以不能被理解。总之，胡克与牛顿，无论在学说、方法、性格方面都是正好相反的人。对于光的本体的异议，半年后牛顿主动给皇家学会写了一封信。大意是："你们好像把我认为光的物质的假说当作结论了，我不认为我的假说是绝对正确的……光如果假定为微粒子，则冲撞折射面或反射面时，就像石头碰撞水面时一样……微粒子在振动时，会因大小、形状、

 牛顿传

运动的不同,而发生不同的振动……"

牛顿成为皇家学会会员的第二年,巴罗回到剑桥大学,就任三一学院院长。

"牛顿,你已扬名于学术界,实在是太好了。"恩师由衷地为他高兴。

"不,我和胡克教授等许多学者发生过冲突。"牛顿红着脸说道。

"冲突正是你的学说被接纳的证据。至少你已成为本国一流的物理学者了,让我向你道贺。"

"谢谢老师!"

"你的头发白了,想必是用功过度吧。"

"不,那一定是水银的颜色。因为我最近在做水银的实验。"牛顿笑着,抓抓头发。当时这位青年科学家不过29岁。

微积分的优先权

"奥尔登伯格先生,承蒙皇家学会的协助,反射式望远镜得以问世,光学理论虽经波折,也终于发表。没发表的还有……"牛顿以温和的语气说着。

"你的发明或发现,一定又会使世人感到惊讶的,不知道是有关什么方面的?"奥尔登伯格急急地追问。他没想到竟然有学者对自己的新发现从不提起的。

"是数学方面的,是几年前做的。"牛顿平静地说。

"真令人想不到!名称是什么呢?"

"叫作微积分吧,是我随意起的名字。"

"嗯,微积分,名字很响亮。我想这必然是名副其实的数学。"

"如你所知,我最尊敬的老师巴罗院长就是一位优秀的数学家。"

"听说他在欧几里得几何方面是一流的。"

"是啊,你知道巴罗老师创出了在曲线上做切线

 牛顿传

的方法吗？"

"当然知道。"牛津大学出身,有外交官经历的秘书能够了解这些专业的知识。

"微积分就是从这个着眼的。"

"那是有关曲线的数学吗？牛顿先生。"牛顿用手指蘸着还没喝的咖啡,在桌上画出了图形。

"奥尔登伯格先生,微积分的关键在于这个比。"牛顿指着利用一部分曲线做成的直角三角形的两边。

"是哪个比？"

"就是夹直角的两边比。"秘书完全不懂得比的意义,他无言地注视着牛顿。

"当然,这样的说明是难以理解的。奥尔登伯格先生,棱镜使光曲折的时候,你知不知道折射角会因棱镜对光的角度变化而变化？"

"好像在什么地方看过。"

"我在一次例行会议里曾经提到过的。"牛顿笑着说。当细孔的日光进入棱镜时,形成了七色光谱,同时全体的光折向棱镜后侧。光折时的角度就是"折射角"。折射角会随棱镜对光的角度的变化或大或小。

"要使折射角最小,应使棱镜以什么角度对着光这一类问题,可以用微积分很快地解决。"

"是这样子啊!那是奇妙的发现。你为什么把它隐藏至今不发表呢?"奥尔登伯格实在觉得奇怪。

"我认为数学本来是分析自然现象的一种手段,只是单独地使用数学并没有什么意义。数学与物理学并没有什么密切的关系。是的,欧几里得几何好像只教我们证明法的完美。但几何学的证明却可直接应用于物理学。自然是可由实验或观察来表露真相的。要抓住真相,以便使它走上正确的证明轨道,就必须要数学的帮助了。微积分在这种场合很有用。"

牛顿对皇家学会的秘书侃侃而谈。奥尔登伯格觉得这一新发现非比寻常,极为兴奋。

"奥尔登伯格先生,微积分与以往的数学全然不同。微积分是研究物理学的工具。"牛顿没有谈起用微积分探求万有引力定律的事情。

"那太妙了!怎么样,何不以论文向学会提出来?"以皇家学会秘书的立场,当然会如此提议。但牛顿却苦着脸说:"那绝对不行,我本来就想脱离学

 牛顿传

会的……用哪种形式取得优先权比较好,我特来找你商量。如今,要报答巴罗院长的教育之恩,只有这条路了。"

奥尔登伯格低头沉思着。"牛顿先生,你认识约翰·柯林芝这个人吗?他独自地从事于英国数学家与外国数学家的联络工作……"他向牛顿建议,把这一发现写信告诉柯林芝。

德国数学家莱布尼茨在这件事之后不久,来访问伦敦皇家学会。他询问英国数学家的研究情况时,从奥尔登伯格口中听说了牛顿的微积分的创始经过。

牛顿写了一封更详细的信给奥尔登伯格,列举以微积分计算结果的例子和应用的例子等,而对于微积分本身则用密码记载。在那个时代,作为优先权的证据,使用密码是通行的习惯。直到《原理》出版了,人们才知道其意义为"对于含有任意数的变数方程式的微积分的求法及其相反的方法"。

1677年6月21日,莱布尼茨写信给牛顿,说明与微积分相同的微分法。牛顿和莱布尼茨被学术界认为各自独立地做了同样的发明。

关于微积分的优先权争论了许久,因为莱布尼茨比牛顿早三年发表了微积分的论文。

不久之后,巴罗院长不幸在四十七岁的壮年去世了,牛顿悲痛不已。牛顿断然拒绝了让他继任三一学院院长的提议,一方面他认为自己并不适合担任这项职务;另一方面是因为没有时间。牛顿除了每周一次的讲课之外,都把自己关在房间里做实验。

 牛顿传

向牛顿先生请教

在伦敦一家咖啡店的水晶灯下,一个潇洒的青年和一个结实的中年男子在热烈地谈论着。同桌有三个身着皮裙的工匠在聆听他们的谈话。

"雷恩先生也该来了。"有胡子的人大声说。这个不修边幅的男人是胡克。

"会来的,他设计的牛津教堂深受赞誉,他会得意地来的。"听说克里斯托弗·雷恩要来,大桌子周围穿着各式服装的客人围聚过来。雷恩在大火之后,重新设计了伦敦的都市计划,建筑了五十个以上的教堂,深为市民所熟悉。

"你曾预言了上次出现的彗星,真不错啊!"这句话是在赞美埃德蒙·哈雷。这位年轻的天文学家对于不久前出现的大彗星有过准确的预言,因而名声大噪。

"到底是大建筑家,让人等了半天。"年约50岁,看

起来极为强壮的绅士满脸笑容地走了进来,他就是雷恩先生。

英国科学界一流的人物齐聚一堂,所以备受瞩目。大家不约而同地向他们看去。

"请教前辈,太阳影响与行星的力,不知道是如何计算的?"脑中思考彗星运动定律的哈雷提出了这样的大问题。

"那是与距离的平方成反比。"脑筋转得特别快的胡克条件反射似的回答。

"胡克先生,你怎么能断言定是如此呢?"雷恩讥讽地说。周围的客人觉得很有趣,全都屏息静听。

"光的强度与光源的距离的平方成反比吧,我想可以用同样的方法去计算。当然,这是直觉!哈哈哈。"胡克豪放地笑着叼起雪茄。

"直觉如不能证明就不是正确的了。"雷恩说道。雷恩说完之后,胡克的脸上显出厌恶之色。

"那一定可以证明。"胡克自负地说道。

"很难说,这个问题难了一点。"雷恩颇为慎重地说。

牛顿传

"要证明与距离的平方成反比,这是数学问题。好像还没有这种数学吧。"哈雷好像认为不能证明。

"这就有趣了!我愿意在你们两位之间悬赏价值四十先令的书。从今天起两个月之内完成证明……"这是雷恩的提议。

但是一反常态,两个月后三个人再次相聚的时候都寂然无声。顽固的胡克闭着眼睛,一味地吞云吐雾。

"前次提的问题,对我来说,不是空论一场就行的,这是个很重大的问题。前辈们的想法,即使不很完全也没关系,请告诉我好不好?"年轻的天文学家哈雷很认真地说。

"我的直觉是不变的。"胡克粗鲁地说了这么一句。

"我只是提心吊胆,奖金不知会被谁拿去而已。"雷恩自我解嘲道。

哈雷不想再请教胡克和雷恩了。这时他脑海里忽然浮现出了一个不常到学会却慎重缄默的会员。哈雷专程赶到剑桥大学,拜访住在三一学院简陋房间里的牛顿。这位孤独的物理学家正在做实验,他把玻

璃棒在猫的毛皮上擦一擦,然后靠近烧瓶,瓶里的金箔慢慢张开了。牛顿正在专心做实验,没发觉有客人进来。

"是摩擦电的实验吧。"哈雷不禁说了出来。

"是的。"牛顿头也不抬,手也不停,继续做实验。

"我是埃德蒙·哈雷。"天文学家大声地说,想引起牛顿的注意。

"哈雷先生?你什么时候来的?"牛顿吃了一惊,回过头来,哈雷不好意思地笑笑。

"牛顿老师,假定引力与距离的平方成反比,那么行星的轨道是什么样的曲线呢?"

"是椭圆。"牛顿提着猫的毛皮,趋近察看验电器。

"牛顿老师,你是怎么知道的呢?"

"自己计算的。"哈雷仔细端详着这位天才的脸,作为一个学者,那种谦虚的态度使他深受感动,他一时沉默无语。

"牛顿老师,你为什么不发表这么重大的发现呢?"哈雷有点大惑不解地问。

"哈雷先生,如果发表了的话,就得忙着准备展开

牛顿传

辩论。不发表或发表后成为奴隶,两者相比,我宁愿选择前者。"

哈雷实在难以接受牛顿的看法。"牛顿老师,我认为您在光学上的成就很了不起,没想到对于引力竟也有如此深刻的研究,实在令人钦佩。相信这些都是人类之宝。不要考虑什么优先权,我想请您把它总结予以发表,我去劝皇家学会出版。"哈雷内心对牛顿无比地崇敬。

"有关刚才我们讨论的那篇论文一定还在,你不妨先拿出来看看。"牛顿这里那里寻找了一遍,却始终没有找到。于是两人约好,找到了再送给哈雷看。当哈雷拜读了这篇论文之后,深为钦佩,他每次到剑桥大学去,都极力劝说牛顿出版。有时候,牛顿甚至对于他这种固执的督促感到很不耐烦。

《原理》问世

1684年12月,牛顿终于下定决心开始写作《原理》一书,这本书的正式名称是《自然哲学的数学原理》。

牛顿下定了决心之后,托格兰瑟姆中学校长给他找了一位秘书,从此他就和威金斯分开,和这位名叫汉弗莱·牛顿的秘书一起生活了。

巴罗教授和奥尔登伯格秘书相继去世,真正能认识牛顿的研究价值而鼓励他发表的只有哈雷一人。但是皇家学会里最有势力的人是格林尼治天文台台长约翰·弗兰斯提德,他极度讨厌牛顿。因此科学史上最伟大的名著《原理》的出版并不是很顺利。

在三一学院的房间里,一个衣着邋遢,背着手不停地踱来踱去的男人似乎沉浸在思考中。另一个服装整齐的男人,手握鹅毛笔,端坐在书桌前奋笔疾书。

"老师,三明治已经送来,红茶都快凉了。"被称为老师的是牛顿,拿笔的是他的秘书汉弗莱·牛顿。他

牛顿传

们正在进行《原理》一书的写作。

踱着方步的牛顿把三明治拿到嘴边又放下了。拿笔的汉弗莱则以极快的速度大口嚼着三明治,灌了口红茶。牛顿像喃喃自语般地嚅动着嘴唇。

"以欧几里得几何学为模范,来整理物理学看看吧。"

"请再说一次,老师。"汉弗莱没听清楚牛顿在说什么。

"不,不,这个不必记。"

"既然要写成书是为了让更多的人看得懂,尽量避免使用微积分吧。"牛顿又讲了句汉弗莱听不清的话,因为他的脚步声特别大。

"老师,请再大声一点。"

"不,刚才讲的不必记。"牛顿一面低头沉思一面继续踱着方步。

"老师,您可以边吃边说。"

"不是吃过了吗?"牛顿感到很奇怪。秘书推到桌子一端的空盘、空杯使他发生了错觉。

"在本文的开始先写哲学推理的规则一,接下去

是规则二……总而言之,同种现象该是由于同样的原因发生的。"过了一会儿,牛顿继续说下去:"规则三,物体的性质中,所有物体均具有且不能加强和减弱的,应视为所有物体的共同性质。"

在《原理》一书中,牛顿想证明万有引力。这三条规则是证明所必要的,就如同欧几里得几何中的公理。只要从公理出发,就不用提及万有引力的原因。这也是牛顿所期待的目的之一。

一边想,一边踱着方步开口叙述的牛顿接着说道:"现在请写在另一张纸上……本书中所谓引力,是指所有物体一般地有互相接近的倾向。此一倾向,是由于互相接近的物体本身的作用,或是由于物体发放的以太的作用,或是由于充满其空间的物质的或非物质的介质的作用等问题,均不在讨论之内。本书不讨论力的种类和性质,而着眼于力的大小及其数学上的关系。"牛顿想讨论运动,运动是与空间和时间有关系的。所以不得不就这一点加以叙述了。

"绝对空间是恒常同一而不动。绝对运动是从绝对场所到绝对场所的移动;而相对运动则是从相对场

牛顿传

所到相对场所的移动。事实上,代替绝对场所和运动被讨论的是相对场所和运动,这对于日常生活并无影响。因为并没有可作为场所和运动的基准的静止物体存在……汉弗莱!你认为你坐在椅子上是静止的吧。但是,你正面对着太阳做复杂的运动。我是想说明这一类事实。"

秘书的眉毛蹙成了八字形,牛顿向他进一步说明。后来,爱因斯坦根据牛顿的《原理》中主张的相对性,创立了相对论。

"汉弗莱,接下去是有关运动的基本定律。"牛顿从口袋里拿出写得满满的纸片,坐在椅子上读起来。

"一、所有物体如果没有受力,则恒静止,或恒做等速直线运动;二、运动量的变化,与力成正比,起于力的方向;三、力作用时,会产生力量相等、方向相反的反作用力。"

这是大家熟悉的牛顿的运动定律。第一定律和第二定律在伽利略和笛卡尔时就有了雏形。但如此明确叙述运动定律的,牛顿是第一人。

今日物理学中普遍使用的力、质量、运动量等的意义，都是牛顿规定的。而这里却以质量与速度的积的运动量来叙述第二定律。由于这一慎重的叙述，第二定律面对相对论，仍能屹立不倒。

太阳与行星以万有引力互相吸引着。但是隔着真空，没有任何联系的太阳如何能吸引行星的问题困扰了牛顿。

"真空的空间中充满了不妨碍物体运动的神，这个神显示了万有引力。"牛顿肘靠书桌，捧着头，以汉弗莱听不见的声音喃喃自语道。

《原理》经过十八个月终于完成了。

原本皇家学会答应书稿完成后由其出版，但当牛顿完成后他们却变卦了。他们给出的冠冕堂皇的理由是学会没有经费。负责出版的哈雷拿出自己所有的积蓄，独立出版了这本书。如果没有这位诚挚的友人的帮助，《原理》一书可能就无法问世了。

书稿送到皇家学会的时候，胡克多加刁难，说什么有关万有引力定律的发现，不把他的名字列进去是一种无礼的行为。多亏哈雷从中加以调解才使问题得到圆满解决。不过这么一闹，使得出版的日期又被

 牛顿传

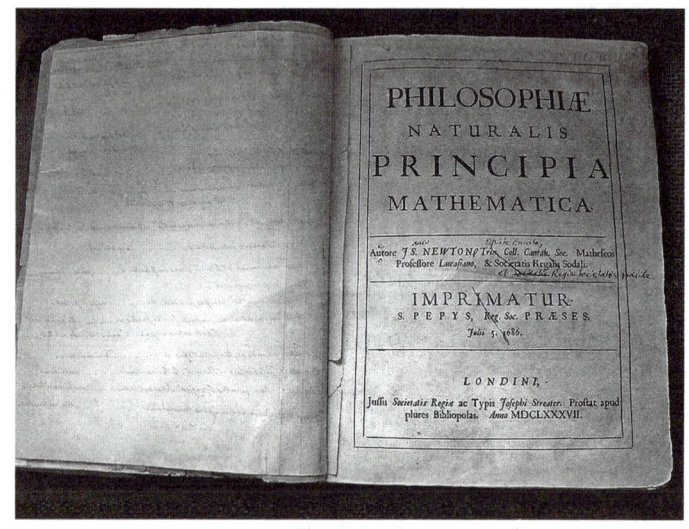

牛顿的《自然哲学的数学原理》副本,
并带有为第 2 版所做的修正

拖延了。

《原理》的内容,在当时是极为艰深的,因此许多学者都纷纷指责牛顿。例如,牛顿最优秀的学生罗吉·库兹在负责《原理》再版时这样说:"行星面向太阳是有引力的,但相反方向的引力没有也可以。再版的时候应该再加入一段新的章节来解说这一点,否则恐怕不好。不然,就在勘误表中列为误印吧。"库兹也不能理解反作用定律。牛顿经过多次说明,费尽了唇舌,可库兹还是认为自己的观点正确,毫不退让。

无论如何,《原理》的出版都是一大成功。

《原理》出版的第二年,詹姆士二世逃往法国,英国的光荣革命结束。

革命的结果是国会的权限扩大,并举行改选。因为牛顿正直勤奋、不畏强权,剑桥大学就把他送到了国会去做议员,从此牛顿就经常住在伦敦。但这位学者议员在国会中沉默寡言,觉得国会生活非常无聊。有人说牛顿在国会只讲过一句话:"能不能把窗子关起来?"

这个时期,牛顿的母亲汉娜在儿子的怀中与世长

 牛顿传

辞。此后,牛顿就无须常回伍尔索普的老家了。

牛顿在伦敦时经常被强邀出席皇家学会的例会,因而结识了荷兰物理学家惠更斯。惠更斯以波动说为基础,建立了惠更斯原理。牛顿和惠更斯在理论方面有很大的分歧。

伦敦生活和大学生活不同,牛顿交往的人增加了。其中,牛顿与哲学家约翰·洛克走得很近,两人经常谈到有关神学的事情。

两年的精神狂乱期

这位出生时就在生死线上挣扎的科学家,却仅有一次生病卧床而已,而且两三天就恢复了健康。随着年龄的增加和工作的劳累,牛顿的视力越来越模糊。但牛顿以光学立场来解释眼睛,也是件有趣的事,他解剖羊目,画了切面图,并加注各部分的长短。

1671年,牛顿在给洛克的信上,有这么一段话:

……我以右眼瞥视一下镜中的太阳,然后转向黑暗处,眨了两三次眼,眼中的太阳将消失时,我注意到"像"竟然旋转起来,如同刚瞥见太阳时一样闪闪发光了。奇怪的是,我是用右眼看太阳的,而左眼竟也发生了同样的现象。由于这次实验,使眼睛伤得很厉害,什么都看不见了,我觉得可能无法再读写了。但我仍希望多少能恢复一点视力,因此在暗室中待了三天……

 牛顿传

眼中有残像的现象,在这之前一定有不少人经历过了。但开始研究的人是牛顿。

1672年2月,牛顿像往常一样,天没亮就起来用功,整理出光学上的千余次实验、写作论文,不知不觉天色渐亮,牛顿吹熄了烛火休息片刻,然后到教堂参加礼拜。

在教堂祈祷的时候,他突然想起烛火可能没有完全熄灭。果然,桌上的重要原稿被未熄灭的烛火烧为灰烬,幸而未酿成火灾,但牛顿很是难过。

"苦心整理的光学讲义的原稿,这下子完了!"

牛顿的精神出现了问题,眼睛失去了往昔的光彩,好像没有焦点似的。当然不仅是原稿被烧这一件事,与他全心全意地专注于工作,脑力耗尽,极度疲劳也有关系!

过了一年半左右,他给皇家学会会长写的信中仍表现出他的精神状态不佳:

我现在为精神错乱所苦恼。这一年来饮食和睡眠都感不足,精神已大不如前。我从没想利

用你和国王的力量获取利益,但是今后我要与你断绝往来。我不想增加大家的麻烦,我认为不该与你、与朋友们再见面。

洛克也曾收到牛顿的怪信:

你为女性的事情,企图使我困扰,一想起这些我就生气。你说你的病不会好,我想回答,你去死好了。

洛克看了这封信后,惊诧得说不出话来。三星期后他又接到了一封信:

这个冬天,也许是睡在炉旁的关系吧,一直想睡。也许是这个夏天生病的关系吧,我好像脱离了轨道。写上一封信时,两周才只睡了一小时,五天前起就没睡过觉。记得好像乱骂过你,但不记得有没有谈到你的书。

牛顿两年的时间都处于精神狂乱的状态。

牛顿在《原理》中发表了伟大的理论,但是时间绝

 牛顿传

对不为任何事物而停留等待。革命流出的血,牛顿的辉煌时代,已流向远方了。他已迈入50岁,渐渐感到人生严酷的冬天步步逼近了。

　　精神状态恢复以后,牛顿开始研究月球运动的问题。月球除地球引力之外,也受太阳引力而做复杂的运动。

科学家的晚年经历

寺院般的学院与自由热闹的都市生活相比,大家当然更愿意选择后者。但牛顿却是为了使家乡的弟弟妹妹们过好一点的生活,也为了自己的身体着想,才拜托洛克、蒙塔古等友人在伦敦替他找工作。同样出自三一学院的蒙塔古在伦敦担任财政部部长。

1696年3月29日,牛顿到伦敦造币局任监事。

"牛顿先生,我们对你的期望很多。"

"哦,是这样啊。"牛顿只注意到年薪增加了两倍,蒙塔古并没有提到工作内容,他也没想到要问。

"我们的任务是发展英国的经济,首先是要改革货币。"蒙塔古知道消除货币中存在的弊端,是发展资本主义的先决条件,于是想到了牛顿。

"是的。"牛顿并不是很了解关于经济方面的事情。

"牛顿先生,你是精通科学的人,请你把知识用在

 牛顿传

货币改革方面。"

"怎么说?"

"先谈货币的制作法。制造银币是先剪下银板,用小锤锤打成形,然后再以小锤打上印记。但是制造出来的银币大小不一。"牛顿好不容易进入了情况。

"问题就在于,每个钱的重量、形状等都有很大的差异……如此就无法辨别假币,而且投机之徒会偷偷地削取币缘部分。"

"还有这样的人啊!"牛顿很难想象。

"不过,犯了这方面罪行的要处以绞刑。"蒙塔古从裤袋中拿出十个左右的银币。他将其中一个银币拿给牛顿看,它的边缘被剪刀剪下了一小块。

这位心地单纯的科学家看到了这种情形,不禁感叹起来!他回忆起过去确实见过奇怪的金币、银币。

"重建经济,需要健全的货币体系。政府急欲收回现行货币,想流通正当的货币。所以造币局聘请像你这样有才干的人。"

了解了工作要求之后,牛顿立即着手进行。他将旧币投入炉中熔解,用机械将银板压形,有了正确的

形状和模样,每个银币完全一样,如果削了,马上就会被发现。牛顿又推荐哈雷出任金库的主管,还有他的老朋友格利高里任苏格兰与大不列颠货币交换的总监督。他们用了三年时间把全国流通的货币完全换新了,财政部大为高兴,擢升牛顿为造币局局长。

牛顿每周只需去一次造币局。他在财政部附近有一座房子,由妹妹凯瑟琳主持家务。这位主妇非常能干,常使牛顿家高朋满座、宾客不绝。在这种生活中,牛顿在经济、财政、法律等方面汲取了丰富的知识。

牛顿在伦敦的生活十分安稳,他的收入已达到了在剑桥大学教书时的十倍,但他的生活依旧朴素,并不骄奢,在当时那个贿赂盛行的时代,从没有丝毫的越轨行为。他把卢卡斯讲座交给天文学家威雷恩·惠士顿,从大学退休了,但剑桥大学仍把他选为国会议员代表。

1705年4月,牛顿任皇家学会会长已经两年了。到剑桥大学参观的英国女王给62岁的艾萨克·牛顿颁授"爵士"称号,牛顿是英国史上第一个获此殊荣的科学家。

 牛顿传

艾萨克·牛顿用自己的智慧和勤奋,探究了光的分解和色的本质;发明了反射式望远镜、微积分;发现了万有引力定律等。也许是由于智力的减退及病痛的困扰,在生命的最后一段时期,牛顿把全部精力都投向了毫无价值的虚幻主义的研究。但牛顿的一生是光荣的、伟大的。

牛顿80岁时罹患了痛苦的膀胱结石,于是迁居到伦敦郊外的肯辛顿。1727年3月4日(儒勒历,即公历3月15日),参加皇家学会例会后回到家的牛顿再一次病发。3月20日(儒勒历,即公历3月31日)凌晨,这位伟大的科学巨人结束了他光辉的一生。

牛顿被安葬在威斯敏斯特大教堂,他是第一位被安葬在这里的学者。从那以后,牛顿墓的周围又陆陆续续安葬了一些著名的学者,如法拉第、赫歇尔、达尔文等。英国王室和政府为牛顿举行了隆重的国葬。

牛顿去世后的第四年,他的亲人为他建立了一座宏伟的纪念碑,碑前安放有牛顿的雕像,石碑上刻着墓志铭:

第四章 | 伟大的科学巨人

威斯敏斯特教堂内的牛顿之墓

 牛顿传

这里,

躺着牛顿爵士,

他,以几乎超自然的思想,

以他数学的火炬,首先证明了

行星的运动和图形,

彗星的轨道和海洋的潮汐。

……

让人类为

曾经生存过这样伟大的

一位为全人类增光的人而欢呼吧!